儿时游戏

赵华川·赵成伟\绘　袁树森\配文

文化艺术出版社
Culture and Art Publishing House

图书在版编目（CIP）数据

儿时游戏 / 赵华川，赵成伟绘图；袁树森配文.
—北京：文化艺术出版社，2015.6
　（老北京风情）
　ISBN 978-7-5039-5999-8

Ⅰ.①儿… Ⅱ.①赵… ②赵… ③袁… Ⅲ.①游戏－风俗习惯－介绍
－北京市 Ⅳ.①K892.25 ②K892.29

中国版本图书馆CIP数据核字（2015）第099957号

儿时游戏（老北京风情系列）

绘　　图	赵华川　赵成伟
配　　文	袁树森
责任编辑	齐大任
装帧设计	顾　紫
出版发行	文化艺术出版社
地　　址	北京市东城区东四八条52号　（100700）
网　　址	www.whyscbs.com
电子邮箱	whysbooks@263.net
电　　话	（010）84057666（总编室）84057667（办公室）
	（010）84057691—84057699（发行部）
传　　真	（010）84057660（总编室）84057670（办公室）
	（010）84057690（发行部）
经　　销	新华书店
印　　刷	国英印务有限公司
版　　次	2015年8月第1版
印　　次	2015年8月第1次印刷
印　　张	7.25
字　　数	50千字
开　　本	880毫米×1230毫米　1/32
书　　号	ISBN 978-7-5039-5999-8
定　　价	29.80元

老北京不忘的乡愁

　　传统文化就是文明演化而汇集成的一种反映民族特质和风貌的民族文化，是民族历史上各种思想文化、观念形态的总体表征。习近平总书记在中央城镇化工作会议上对继承传统文化提出了要求："望得见山、看得见水、记得住乡愁"。老北京人儿时的记忆是北京传统文化的重要组成部分，是北京人不应忘记的"乡愁"。

　　时过境迁，早年间北京胡同里小贩悠扬的叫卖声，大杂院里亲如一家的邻里关系，五行八作的市井百态，充满欢乐的儿时游戏，已经难以见到了，但是那浓郁的乡土气息，却是令人难以忘怀的。因为这是早年间"天子脚下"老百姓真实的生活场景，从中映照出了居住在皇城根平民百姓的喜怒哀乐、思想感情。《儿时游戏》《年节习俗》《吃喝玩乐》《旧时行业》这四本画册，用感官的形式，配以京味儿的说明文字，把一幅幅老北京人的生活场景形象地展现了出来，看过之后，你会对老北京人的生活有一个大致的了解，觊觎这四本画册能够成为研究北京文化之人的参考资料。

赵成伟 袁树森

2015年5月

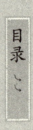

目录

2	抓周儿	24	抖空竹
3	洗脸	25	琉璃喇叭、扑扑噔
4	穿衣	26	吹糖人儿
5	数手指	27	推铁环
6	逗乐	28	抽"汉奸"
7	虫儿飞	29	口琴、喇叭、泥咕咕
8	摩挲	30	竹蜻蜓
9	哄睡觉	31	飞沙燕儿、吹龙
10	拉骆驼	32	花楞棒、拨浪鼓、扳不倒
11	乍乍	33	地牛子
12	学步车	34	拍皮球
13	胡噜毛	35	拍纸球
14	背背驮驮	36	骑小三轮车
15	拉大锯	37	小汽车
16	拔萝卜	38	转铁环
17	坐轿	39	摇头鸭子车
18	猜谜	40	吹汽笛
19	摇煤球	41	万花筒
20	捻捻转儿	42	拉线耗子
21	买玩意儿	43	攒钱罐（闷葫芦罐）
22	枪打转盘	44	锡镴哨儿
23	玩风车	45	鸟吃食

46	买气球	68	掏家雀
47	小锣、小镲、布兔兔	69	掏老鸹蛋
48	布娃娃、梆子、跟斗猴	70	养蚕
49	买小鸡	71	养鸟
50	养兔	72	玩萤火虫
51	养狗	73	玩豆虫
52	斗蛐蛐	74	莲花灯
53	买小金鱼	75	插细篾儿
54	粘知了	76	枣儿磨
55	玩"吊死鬼儿"	77	玩冰车
56	玩蝈蝈	78	吹葱笛儿
57	种花	79	做柳笛儿
58	玩金壳螂	80	拉线人
59	掏苇柞子	81	玩弹弓
60	招蝴蝶	82	编草
61	逮蜻蜓	83	做风车
62	逮蚂蚱	84	弹球
63	咬咬	85	骑水骆驼
64	粘鸟	86	水牛儿
65	拉家雀	87	打屁股会儿
66	养鸽子	88	数星星
67	扎蛤蟆	89	赶大车

90	拍花巴掌	112	打仗
91	背缸倒缸	113	骑马高凳
92	学踩高跷	114	耍中幡
93	娶新娘子	115	跳房子
94	过皇上	116	打台（tǎi）
95	天下太平	117	过家家
96	削尜	118	开汽车
97	招兵	119	乞巧
98	拨糖棍儿	120	看耍猴的
99	掷骰子	121	唱大戏
100	吹泡泡	122	逛庙会
101	打水漂儿	123	撒大撒
102	打雪仗	124	撞拐
103	堆雪人儿	125	演节目
104	开火车	126	降落伞
105	扇洋画	127	打冰出溜
106	骑竹马	128	套圈儿
107	逛灯	129	瞎子摸瘸子
108	翻撑儿	130	压压摇
109	拍燕窝	131	拉大车
110	唱儿歌	132	看耍咕咕丢
111	弹花音儿	133	过年

134	染指甲	156	看花会
135	玩升官图	157	爬树
136	荡秋千	158	捋鸡毛
137	水唧筒	159	看蚂蚁打架
138	江米人儿	160	单拨儿倒霉
139	磕泥饽饽	161	请你猜
140	听趣话儿	162	种萝卜花
141	漂小船儿	163	跳远
142	跳门槛儿	164	弄手影
143	剁白菜	165	锤子、剪子、布
144	摔跤	166	踩高跷
145	照相	167	过河
146	抓（chuǎ）拐	168	吹毛毛
147	抛球	169	推磨磨
148	打出溜	170	圈蚂蚁
149	打老	171	逮蛐蛐
150	打电话	172	扒车尾（yǐ）儿
151	拉钩	173	种花
152	拔橛	174	打冰坠儿
153	粘洋画	175	滚纸圈儿
154	弹洋画	176	骑大马
155	点牛眼	177	养蛤蟆咕嘟

178　毛毛雨

179　正月十五

180　扫雪

181　码大队

182　洗手绢

183　摸鱼

184　打枣

185　画鼻子

186　跳铁门坎

187　玩儿棋

188　掰腕子

189　踢毽子

190　放风筝

191　蝎子爬、折跟头

192　玩乒乓球儿

193　翻烙饼

194　压闸板

195　一个摁着，一个跳

196　走矮子

197　顶牛儿

198　跳绳

199　跳皮筋

200　拔河

201　拧旋子、拿大顶

202　赛跑

203　绣花

204　夹包儿

205　克鞋牌

206　单捞小尾（yǐ）巴鱼

207　编花篮儿

208　丢手绢

209　老鹰捉小鸡

210　扯轱辘圆

211　搭井台儿

212　踢皮球

213　递递砖儿

214　藏蒙哥儿

215　买烤白薯

216　吃冰核（hú）儿

217　红果串

218　冰糖葫芦

219　吃甜棒

正文 こ

抓周儿

　　"抓周儿"这种习俗，在民间流传已久，它是小孩周岁时举行的一种预测前途和性情的仪式，是孩子第一个生日纪念日的庆祝方式，具有家庭游戏性质。在桌子上摆上印章、经书、笔、墨、纸、砚、算盘、钱币、账册、首饰、花朵、胭脂、吃食、玩具等，如是女孩"抓周儿"还要加摆铲子、勺子（炊具）、剪子、尺子（缝纫用具）、绣线、花样子（刺绣用具）等，由大人将小孩抱来，令其端坐，不予任何诱导，任其挑选，视其先抓何物后抓何物，以此来卜测其志趣、前途和将要从事的职业。

洗脸

　　每天洗脸是人所必需的，既可以清洁面皮，又可以使人精神。孩子小时候都是大人给他洗，但是小孩子对于大人给他洗脸往往是不配合的，为了能够给孩子洗脸，大人往往要哄着他，把洗脸变成游戏，一边给他洗脸一边唱儿歌："三摩掌，两摩掌，不干净，再擦擦。三把，两把，就剩这一把。"

穿衣

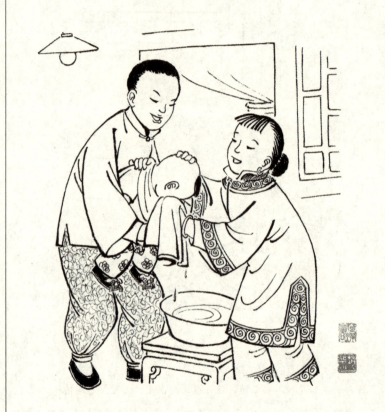

　　早晨起床的时候，特别是在冬天，由于怕冷，小孩子醒了之后懒得起床，大人就要哄着他起来，给他穿上衣服，一边给孩子穿衣服，一边唱儿歌："不怕不怕，妈妈给你穿衣穿褂；别闹别闹，妈妈给你穿裤穿袄。"表现出对孩子的呵护和疼爱。

数手指

　　小孩子最初的启蒙教育往往是从妈妈教他数手指头开始的，孩子从这里才有了数目的概念，学会了辨认物体，这是一种很亲切并且有效的教育方法。妈妈一个一个地扳着宝宝的手指头，教给他辨认："大拇哥，二拇弟，中指楼，四出戏，小妞妞。"反复多次之后，再问孩子，这个手指叫什么，那个手指叫什么，以锻炼孩子的记忆力。

逗乐

　　这是一种活动孩子的身体，帮助孩子运动的方法，就是咯吱孩子的腋下，并且唱着儿歌："一抓金，二抓银，三抓不乐是好人，咯吱咯吱咯吱咯吱……"孩子怕痒，一边用手脚去阻挡，一边呵呵大笑，这样全身就都得到了运动，心肺功能也得到了锻炼，对孩子的身体发育很有好处。

虫儿飞

　　妈妈抱着孩子做游戏，妈妈把孩子的一只手伸开，用另一只手的手指戳这只手的手心，并且唱着："虫儿飞，虫儿飞，小孩拉屎一大堆 ——"同时把孩子的两臂伸开。这是锻炼孩子手臂、肩肘和手指灵活性的一种方法，有利于孩子的身体发育成长。

摩挲

　　吃完晚饭之后，为了防止孩子消化不良，大人叫孩子躺在小床上，用手轻轻地摩挲孩子的肚皮，一边唱着："摩挲，摩挲，食儿水儿消化；食开，水开，三下两下推开。"这是帮助孩子肠胃蠕动、帮助孩子消化的一种方法。

哄睡觉

　　小孩子没有时间观念，作息没有规律，不知道什么时候应该睡觉，什么时候应该玩儿，一般的都是由妈妈来帮助他建立起生活规律。到了晚上睡觉的时候，孩子还在玩儿，这时候妈妈就要哄他睡觉了，把孩子抱在怀里，一边摇晃，一边唱催眠曲："高粱叶子哗啦啦，小孩睡觉找他妈，搂搂抱抱睡觉吧，麻虎子来了我打他。"孩子就在母亲的催眠曲中睡着了。麻虎子指隋代奉隋炀帝之命开挖大运河的麻叔谋，传说他喜欢吃小孩儿的肉。

拉骆驼

　　在床上，母亲逗孩子玩儿的方法很多，"拉骆驼"就是其中之一。母亲把食指和中指蜷起来，用两个手指的关节轻轻地夹住孩子的小鼻子，轻轻地往前拉，口中唱着："骆驼、骆驼瑟瑟，王八是你哥哥；骆驼、骆驼拜拜，王八是你太太。"据说拉小孩子的鼻子可以使孩子长成高鼻梁，还可以促使孩子往前爬，帮助他进行运动。

乍乍

　　孩子到了周岁左右就要学习走路了，这时候妈妈既是教师，也是孩子的保护者。妈妈拉着孩子的两只小手，自己往后退，叫孩子一步一步地慢慢往前走，口中念叨着："走走，乍乍，不要怕怕……"一边引导，一边鼓励孩子。摔倒了再爬起来，孩子就是这样学会走路的。

学步车

　　在过去，小孩学走路的时候有各种辅助工具，一种是初学时候用的，圆圈形的小车下面有四个小万向轮，车里有座位，孩子坐进车里，脚刚能挨上地面，孩子在里面可以自由地走动，有车圈保护着也摔不着他。稍大一点儿之后，就可以用"三角车"了，车为三角形，安装有三个小轱辘，上面有扶手，孩子扶着车慢慢地往前走。这时候要有大人在旁边保护，以防孩子摔倒。

胡噜毛

　　有的人家饲养有猫、狗之类的小动物，小孩子好奇，但是胆子又小，怕被动物欺负，吓得直往大人的怀里藏。这时候大人就要安抚他，口中念道："胡噜胡噜毛，吓不着；胡噜胡噜耳，吓一会儿；揪揪胳膊，吓一哆嗦；不怕，不怕，猫怕，狗怕，宝贝儿不怕。"一边念叨一边做出相应的动作，以此来呵护安抚孩子，同时也是锻炼孩子的胆量。

背背驮驮

　　小孩子身体弱，不能走得太远，这时候就要大人背着他，以防累着他，同时这也是孩子的一种享受。大人背着孩子，孩子伏在大人的背上，大人拢着孩子的双腿，托着他的小屁股，使孩子安稳、舒适。一边走一边哼着歌谣："背背驮驮，卖大萝卜。"一会儿的工夫，孩子就在大人的背上睡着了，大人的脊背就成了孩子温暖安全的小床。

拉大锯

　　这是大人哄幼儿的游戏。大人和小孩在床上相对而坐，大人拉着幼儿的两只小手，前仰后合，口中唱道："拉大锯，扯大锯，姥姥家唱大戏，接闺女请女婿，就是不带××去，叽里咕噜滚着去。"这种游戏可以锻炼孩子的臂力，同时还可以活动孩子的腰部，对孩子的健康成长很有好处，使孩子的身体在娱乐中得到了锻炼。

拔萝卜

　　这是父子之间的游戏。大人们都希望自己的孩子快快长大，并且要长成一个大高个子，于是就有了这种游戏。爸爸双手捧起孩子的小脸蛋，轻轻地提起，孩子的身体随即被提起，双脚刚离地就要放下，以防伤着孩子，颇有点儿揠苗助长的意味。这样可以锻炼孩子的勇气，小男孩喜欢这种游戏，惊险、刺激，往往高兴地喊："再来一个！"

坐轿

　　这也是爸爸哄孩子玩儿的时候做的一种游戏。爸爸坐在床沿上，双脚勾起，让孩子坐在自己双脚上，与孩子面面相对，拉着孩子的两只小手，双脚一抬一落，孩子上下活动着，乐不可支。孩子十分喜欢这种游戏，大人累了，依然不肯下来，还要继续玩儿。这种游戏可以增进父子之间的亲和力，同时也可以锻炼孩子双臂的力量。

猜谜

　　这是一种锻炼孩子智力的游戏，要一个大人和几个孩子一起玩儿，猜谜就是猜谜语，这种谜语一般都十分简单，并且十分形象，语言活泼有趣，谜底一般是孩子所熟悉的东西。例如："我们家有个大公鸡，见了客人就作揖"，谜底是茶壶。一方面锻炼了孩子的思维和联想能力，另一方面也使孩子学习到了待客之道，可以说是一种寓教于乐的游戏。

摇煤球

　　爸爸妈妈全都在家，是孩子最高兴的时候。有一种爸爸妈妈共同哄孩子的游戏，爸爸妈妈分别抓住孩子的双手和双脚，使孩子的身体悬空，两个人的动作一致，把孩子向左右摇晃，一边摇一边唱着歌谣："摇，摇，摇呀摇，摇，摇，摇到外婆桥，外婆夸我好宝宝。"这个游戏既帮助孩子锻炼了身体，同时也增进了父母与孩子之间的亲情。

捻捻转儿

　　在过去，孩子们都会做一些简单但是十分有趣的玩具。捻捻转儿就是其中的一种。找一个小圆片，铁片、硬纸片都行，中间插一根小棍，把下端削尖，用食指和拇指捏住小棍儿的上端，下段稍离地面，用力一捻，随即松手，这个小玩具就在地面上快速地旋转了起来，十分有趣，是孩子们十分喜爱的一种游戏。这种游戏锻炼了孩子的动手制作能力，同时也增强了手指的灵活性。

买玩意儿

　　在过去胡同里经常有卖小孩儿玩具的小商贩，所卖的玩具大多是手工制作的，简单并且有趣，具有民族性和乡土风味，很受孩子们的喜欢。例如花脸（面具）、木头刀、泥公鸡、木头鸭子车、陀螺，等等。一见到卖玩具的来了，孩子们总是拉着大人去看，遇到了自己喜欢的就要买，买了玩具的孩子高兴，没钱买的孩子也喜欢围着看，同样也是一种享受。

枪打转盘

　　这是卖小吃的小贩招揽生意的方法，卖小吃的小贩挎着一个大圆笼，里面装着各种小食品。在提梁的一端安装着一个可以转动的圆盘，圆盘上面分成若干格，每个格里分别写着不同小食品的名字，在提梁的另一端固定有一支弹簧枪，枪筒上带有插针儿的竹棍儿。小孩子花上少许钱就可以打上一枪。小贩转动轮盘，孩子扣动扳机，针棍儿便射中了转盘上的一个格子，就可以吃格子里所标的小吃了。不过物有所值的少，吃亏的多。

玩风车

　　用三根对折的纸条相互交叉叠在一起，拉紧，就成为了一个尖顶的小风车，用一根尖头的小木棍顶在小风车的窝窝里，向前跑去，小风车就转动起来了。跑得越快，风车转动得就越快。这种玩具材料易得，制作简单，十分有趣，适合于五六岁的孩子玩儿，男女孩儿都能玩儿，很受孩子们的喜欢。

抖空竹

　　空竹以竹木为材料制成，中空，因而得名。抖空竹是一项十分有趣的民间游戏，在逢年过节时，人们特别是孩子们，都喜欢抖空竹，并能耍出许多花样儿来。空竹抖动时姿势多变，有"过桥""对扔""串绕""抢高""仙人跳""鸡上架""放捻转""满天飞"等诸般名目，令人眼花缭乱、目不暇接。

琉璃喇叭、扑扑噔

　　"琉璃喇叭"与"扑扑噔"都是用玻璃做的音响玩具，琉璃喇叭就是玻璃喇叭，用玻璃熔液吹拉成喇叭形，吹奏时声音高亢响亮。扑扑噔形状与琉璃喇叭相仿，但是有底。琉璃喇叭和扑扑噔多在冬季上市，与玻璃器皿和玻璃玩具放在一起出售。因售价便宜，又可发声，又好玩又热闹，所以颇受孩子们欢迎。凡是去逛庙会、逛厂甸的孩子都要买上几个玩儿。

吹糖人儿

　　吹糖人儿是旧时北京的一个行业，小贩们肩挑着挑子走街串巷，挑子一头是一个带架的长方柜，柜子下面有一半圆形开口木圆笼，里面有一个小炭炉，炉上有一个大勺，中间放满了糖稀。木架分为两层，每层都有很多小插孔，为的是插放糖人儿。糖人儿有各种形状，什么小鹿、金鱼、耗子、灯笼等，最惹孩子喜爱的是"猴拉稀"，好看、好玩，玩完后还能吃，一般孩子都喜欢，见着就走不动了，不是缠着大人要买，就是跑回家去要钱，实在没钱的也不肯离去，眼巴巴地盯着这些糖人儿。有的小孩图快，就付钱买一个现成的；有的则指定形状要求现做，看着小贩把糖人儿吹好。

推铁环

　　铁环是用比较粗的盘条做成的直径约50厘米圆的铁圈，再安上
三四个小环。再用同样的铁料做一个 U 字形的钩子。用这个钩子推着
铁环跑着玩，随着铁环转动，小铁环也转动起来，发出哗啦啦的响声。
这是七八岁孩子玩儿的游戏，需要有一定的技术，否则就推不起来。
推铁环还有许多花样儿，赛跑、走 S 形、绕障碍、过桥、上坡，等等，
很受孩子们的喜欢。

抽"汉奸"

　　"汉奸"指的是陀螺，人们因为痛恨日本侵华时期卖国求荣的汉奸，就把这种用鞭子抽打的玩具称为"汉奸"。"汉奸"有卖的，也可以自己制作。用一小截木头，将其削成上圆下尖的锥形体，在锥尖嵌入一粒钢珠，"汉奸"就做好了。孩子手中拿一根小鞭子，用鞭梢儿沿着"汉奸"上端顺时针绕上数圈后，贴地面用力放出，或将"汉奸"在地上捻转一下，再用鞭子不断抽打它，它就在地上不停地旋转。孩子们边抽边喊："抽汉奸，打汉奸，棒子面，涨一千！"表现出孩子们对汉奸的痛恨。

口琴、喇叭、泥咕咕

　　口琴、喇叭、泥咕咕都是可以发出响声的玩具，俗称"响器"。儿童口琴比较小，音量也简单，有简单的音阶变化，可以吹奏出简单的曲子；喇叭用白铁皮制成，吹的时候发出单一的声响，只有凭借用力的大小才会产生声音变化；泥咕咕就是泥公鸡，下面有一个小洞，里面安装有一个苇笛，可以吹响。这些玩具都比较简单，因为可以发声，所以受孩子们的喜欢。

竹蜻蜓

　　这种玩具是用一根竹片或者木条，磨光打平，如果能在左右削成方向相反的倾斜面更好，中间打孔，安上一根细圆棍，做成螺旋桨的样子。在玩的时候用手快速搓动细圆棍，然后放出去，竹蜻蜓快速地旋转，并在空气中产生浮力，它就会像飞机一样飞出去升到空中。这种游戏可以几个孩子在一起玩，相互比赛，看谁的竹蜻蜓飞得高、飞得远、飞行的时间长。这种游戏可以培养孩子学习物理知识的兴趣，寓教于乐。

飞沙燕儿、吹龙

　　"飞沙燕儿"是用一根长约10厘米的小棍儿，套上一根比它短的小细管，用比较硬的黑纸折成 V 形，做成燕子的尾巴，固定在小棍的一端，用一个软木球当燕子头，固定在小棍的另一端，用一根棉线，一头拴在小管上，一头拴在一根小棍儿上，握住小棍儿，来回挥动小棍儿，燕子就飞舞起来了，燕子在空中一边飞，尾巴一边转动，很好玩儿。"吹龙"是一根卷曲的纸管儿，龙尾上粘着一根鸡毛，龙头上安着一个哨嘴，放在嘴里一吹，纸筒展开，停止吹气，纸筒卷曲回来，并发出响声。反复地一吹一停，它就会一伸一缩，十分有趣。

花楞棒、拨浪鼓、扳不倒

　　花楞棒、拨浪鼓、扳不倒都是幼童的玩具。花楞棒是用铁皮做的，一端或两端呈空心球形，装入少许钢珠，中间或下端是把，一摇动就发出响声；拨浪鼓是很小的皮鼓，下面安一个木把，小鼓的两面各拴一根线，末端各有一个小玻璃珠，小孩子握住木把，摇动小鼓，小玻璃珠击打鼓面，发出响声；扳不倒是一个下大上小的纸筒，画成人形。下端是一个泥疙瘩，由于重心低，扳倒了又立起来，扳倒了又立起来，所以叫"扳不倒"，也叫"不倒翁"。

地牛子

　　"地牛子"又叫"地葫芦""空地竹"，像捻捻转儿一样，可以在地上旋转，但它比捻捻转儿大，还能发出"嗡嗡"的叫声，但不像捻捻转儿那么容易制作，稍微复杂一点儿。地牛子之所以能发出响声，是因为它和空竹一样，内部是空的，在中心部分有一根竹棍穿过，留在上面的一端长，留在下面的一端短。玩儿的时候，拿一块竹板，上面打一个小孔，再用一根小绳子穿过竹板上的小孔，接着绕在地牛子上，用力向上一提竹板，地牛子便飞速地旋转起来，同时发出好听的"嗡嗡"的响声，这无疑撞开了孩子们的心灵世界，感到它神奇。孩子们瞪着眼睛，看入了迷。

拍皮球

　　小皮球有白的、绿的、黄的和花的。孩子们拍着玩，有的开始时拍不好，慢慢就会了。玩时，一边拍一边数着数，拍多者为胜。另外还有转身拍、迈腿拍等花样儿。拍皮球时还可以唱儿歌："小皮球，香蕉梨，马兰开花二十一，二五六，二五七，二八二九三十一；三五六，三五七，三八三九四十一……九五六，九五七，九八九九一百一。"到这里为一个阶段。

拍纸球

　　皮球自己做不了，要花钱买，穷人家的孩子没钱买，就自己做纸球玩儿。用五颜六色的彩纸糊成一个空心的彩球，用嘴吹进去气之后，又轻又薄。孩子们凑在一起，把球用力向上拍，尽量拍得高高的，在落下来的时候，离着近的孩子再把它向上拍起，这也能使孩子们得到欢乐。

骑小三轮车

　　小三轮车是一种比较贵的儿童玩具，一般的家庭都买不起，这是富人家孩子的玩具。这种小三轮车很稳当，在一般情况下是不会翻车的，富家的孩子骑着小三轮车，穿街过巷，一路潇洒，显出非常得意的样子，叫穷孩子看着眼馋。他们有的就给富家孩子推车，推着车快跑一阵，然后站到小车后面的横梁上，扶着骑车孩子的肩膀，利用车的惯性，坐一段儿车，过一过瘾。

小汽车

　　小汽车是孩子们喜欢的玩具，可是那漂亮的小汽车，穷人家的孩子怎么买得起呢？但是这并不能够磨灭他们对于玩儿小汽车的兴趣。用粗一点儿的木棍截成两截，在中档间儿钻个孔就是轱辘，用一根木棍穿起来，上面安装一块小木板，一辆小车就做成了，拴上一根小绳拉上就走。如果能找到一些别的东西，或者多费一些时间，还能够把小车做得更精致一些，比富人家孩子买来的那种小汽车一点儿也不逊色。

转铁环

　　过去的儿童玩具虽然一般都很简单，但是却很有趣，其中还运用了不少的科学道理，转铁环就是其中一例。用两根很细的铁丝拧在一起，形成麻花状的花纹；再找两条很薄的铁片，做成直径约四五厘米的圆圈，把接口处焊住。在两个铁圈相对的中间部分打上孔，穿在麻花形的铁丝上，推到顶部。铁圈由于重力的作用就会往下滑，由于铁丝是麻花状的，铁圈就旋转了起来，由于离心力的作用，铁圈就会变成扁圆形。反复玩儿几次，其乐无穷。

摇头鸭子车

　　这是幼童的玩具车，木制，形如小鸭，鸭头上有一个小机关，胸前拴上一绳。在车斗里放上石子或沙土做货物，抱着它一走，它的小脑袋就左右摇晃，发出呱呱呱的声音，十分可爱。

吹汽笛

　　北京的孩子玩儿气球都能玩儿出花样来。买一个或者做一个小竹笛，买一个小气球，把竹笛有胶皮的一端插进气球口内，绑紧，这样就可以玩儿了。从竹笛往气球里吹气，在吹的同时，竹笛会发出呜呜的响声，当把气球吹到足够大的时候，松开，气球里面的气泄露出来，竹笛就会发出另一种响声。这时候小孩子把气球嘴儿贴近自己的面颊，就会感觉到一丝凉风，十分好玩儿。

万花筒

　　万花筒也叫花棱镜，有卖的，也可以自己做。用硬纸卷成一个直径有乒乓球粗、5寸长的圆筒，筒内有三条玻璃镜子条拢在一起，镜面朝里，组成一个三角形，在隔开后面的空当里，装上五颜六色的小玻璃碴，来回转筒，可以看到各式各样的花样，图案变化无穷，所以叫万花筒，好看极了。

拉线耗子

　　这是一种十分有趣的玩具。用两块纸片做成老鼠形，上端左右拼接起来，在下端安一个木轱辘，用皮筋系在轴上，再用一根线绳拴在轴上缠绕起来，把线头穿过鼠背引出来。轻轻提起线绳，由于重力的作用，缠绕着的线绳就会松开，放下之后由于皮筋的作用，线绳重又卷起，带动木轴转动，小老鼠就跑了起来，不跑了就再提起来，再放下又会跑，反复多次，非常好玩儿。

攒钱罐（闷葫芦罐）

    这是早年间一种攒钱的用具，是陶制的，像一个圆葫芦，上面有一个很窄的小孔，把钱装进去就倒不出来了。这种东西在街上有卖的，过了春节之后买来，开始攒钱，有了富余的零钱就塞进去，装进去容易，要取出来可就难了，平时只有抱着罐子摇晃摇晃，听听里面钱币碰击的声音。等到了年底把闷葫芦罐摔碎，就可以把钱取出来了。这时候数一数自己在这一年里一共攒了多少钱，说不定可以买上一件好东西呢。闷葫芦罐可以培养孩子节约的好习惯。

锡镴哨儿

　　这是一种用锡做成的小哨，中间有两个小眼儿，穿上细绳儿，形成环状。用手撑起线绳圈儿，向一个方向抡，等线绳拧得差不多了的时候，把线绳拉紧，这时候锡镴哨就会向相反的方向飞快地转动起来，随着转动发出呜呜的响声。停住了之后就再重复一次，可以反复玩上多次，十分有趣。

鸟吃食

　　这是一种十分有趣的玩具，可以自己制作。用一块小木板，做成乒乓球拍的形状。把中间掏空，成为圆环状。用麻秸秆做成三只小鸟，相对而立，固定在木板上，头尾都拴上细线，线的末端拢在一起，拴上一个小球。晃动木板，小球带着线绳左右晃动，由于晃动的原因，每一根细线的松紧度不同，带动上面的小鸟就抬头低头。尾巴翘起落下，样子就像小鸟在吃食一般，活灵活现，十分有趣。

买气球

　　孩子们都喜欢玩气球，因为既好玩又便宜，就连穷人家的孩子都买得起。卖气球的小贩一过来，往往都会引来一群孩子，你买红的，他买绿的，大家各有所爱。买到了气球的孩子迫不及待地把气球吹起来，用线拴住，举着气球在胡同里跑来跑去，那个高兴劲儿就别提了。

小锣、小镲、布兔兔

　　小锣小镲都是响器，胡同里的孩子经常见到卖糖的、耍把式的以及正月十五走会的人们敲锣打镲，觉得好玩儿，就买来自己敲打，学学样子。布兔兔是更小的孩子喜欢的玩具，巧手的妈妈也可以自己做，用白色的绒布做成兔子的形状，里面塞上棉花。长耳朵，短尾巴，红眼睛，十分形象，深受幼儿的喜爱。

布娃娃、梆子、跟头猴

　　布娃娃是女孩子喜欢的玩具，女孩把布娃娃抱在怀里，就像妈妈哄自己玩儿的时候一样，哄着自己的布娃娃玩儿，做游戏。梆子可以敲击出响声。跟头猴是木片做的，可以翻跟头。可以自己做，也可以到小贩那里去买，这两种玩具是男孩子喜欢玩儿的，各种玩具各有各的妙处。

买小鸡

　　小鸡是一种很可爱的动物，毛茸茸的，软软的，跑来跑去，叽叽地叫着，十分可爱。街上来了卖小鸡的，孩子总要大人给买上两只。拿回家去放在纸盒子里养着，给它喂食、喂水、悉心照料，既是玩具也是自己的朋友。等长大一些了，鸡就啄人了，孩子就不能和它亲近了。通过养小鸡可以培养孩子认识和爱护小动物的品质。

养兔

　　"小白兔，白又白，两只耳朵竖起来，爱吃萝卜爱吃菜，蹦蹦跳跳多可爱。"长耳朵红眼睛的小白兔十分可爱，非常受孩子们的喜爱。穷人家里养两只兔子，一是孩子的玩具，二来也可以为家庭增加一点儿收入。孩子会细心照料小兔子的，给它喂食、喂水，既是一种娱乐，增加了生活的情趣，同时也为家里增加收入，一举两得。

养狗

　　小狗是和人类是最亲近的动物，男孩子大多都喜欢小狗，家里的小狗就成了他们最亲近的朋友。狗对主人最忠实，小孩子会每天带着它玩儿。小狗在小主人的身边跑来跑去，是孩子的好伙伴，孩子有时候会抱它、亲它，晚上甚至会搂着小狗睡觉，养小狗可以培养孩子爱护小动物的感情。

斗蛐蛐

　　斗蛐蛐是北京城一项古老的游戏，只要是男人，无论老少都喜欢玩儿，小孩子也是如此。两个孩子斗蛐蛐，常常是五六颗小脑袋聚在一起观战。两边的主人拉开架势，嘴里都横叼一根逗蛐蛐的霸王草，各人先将参赛的"选手"同时放入蛐蛐罐中，这时但见两只蛐蛐钳卡钳，足抵地，绞成一团，滚在一起，一霎时腥风血雨，黑白翻飞，好一番厮杀！这时候围观的人们齐声喝彩，拍手叫好，十分有趣。

买小金鱼

　　每逢春末夏初，胡同里就传来"哎，大小……哎小金鱼哟"动听的吆喝声，卖金鱼的小贩都是挑担叫卖，担子的一头是装着清水的木制大圆盆，高约七八寸，里面分成几格按金鱼的大小或种类分别放入格内，也有的在木盆里放着些蝌蚪，俗称蛤蟆骨朵的；另一头是放着大小圆形玻璃鱼缸的箩筐。每当这时候，孩子们总是要围上来，看那些漂亮的小金鱼在水里游来游去。有钱的人家还要给孩子买上几条，装在玻璃鱼缸里，供家人和孩子观赏。

粘知了

　　一到了夏季，就会听见树上知了躁人的叫声，北京人管知了叫"唧鸟儿"，男孩子喜欢粘知了，拿着玩儿。粘知了的工具很简单，用一根长竹竿，上面绑一个铁丝圈儿，沾满蜘蛛网，或者是在竿头上抹上一疙瘩用胶皮熬成的胶，就可以去粘知了了。把粘下来的知了用线拴上玩儿。知了是害虫，粘知了既是一种孩子们的游戏，同时也消灭了害虫。

玩"吊死鬼儿"

　　"吊死鬼儿"就是尺蠖，是生长在槐树上的一种害虫，以树叶为食，它在离开树枝时，吐出细丝，垂吊下来，晃晃荡荡地一直垂到地面上，北京人都叫它"吊死鬼儿"。这种虫子怕震动，孩子们对着从树上垂下来的虫子，大喊："喇叭喇叭嘟！偷人家的凉水不害羞！"其中只有"嘟"和"羞"是高声，其余的都是低声，虫子就被震下来了。把虫子装在小玻璃瓶里，看着它一曲一伸地向前爬，十分有趣。

玩蝈蝈

　　蝈蝈是一种会鸣叫的秋虫儿，有黑、绿、青、褐色诸种，从前一过了麦秋，胡同里就开始出现卖蝈蝈的了。卖蝈蝈的把蝈蝈装在用麦秸秆或秫秸编织的笼子里，笼子的形状五花八门，有圆的、方的、盘肠形的、八角的、三角的，一个笼子装一只，卖蝈蝈的小贩一次要挑几百个笼子，鸣叫之声非常大。买一个回去，挂在房檐下，听着清脆的叫声，给人们的生活增添了情趣，好不惬意。

种花

　　孩子们大多喜欢花草。春天在院子里，刨个坑种些花草，既是一种游戏，同时也是一种美化环境的劳动。孩子们种的花草一般都好成活，管理简单的品种，例如"指甲草""喇叭花""死不了"等，大一些的孩子更喜欢种豆角、葫芦、倭瓜之类的经济作物。他们会耐心地给自己栽种的花草除草、浇水，看着它一天天地长大、开花、结果，很有成就感。

玩金壳螂

　　在榆树上有一种硬壳飞虫，叫金壳螂。孩子们爬上树，用手抓住它。用一支席篾儿插在金壳螂的后背上，它就会扇动翅膀，放在额前，让它给自己扇风，会有一丝凉爽的感觉，非常好玩儿。还可以用线把金壳螂拴住，叫它飞，因为有线拴着，它也跑不了。这也是孩子们一种玩耍的方法。

掏苇柞子

　　苇柞子是生活在苇丛中的一种小鸟儿，绿毛长嘴。过去在什刹海、苇子坑、窑坑等处都长有茂密的苇子。孩子们钻进芦苇丛中，去寻找苇柞子窝，把苇柞子捉回家去玩儿。掏苇柞子有一定的危险性，不当心会陷进泥塘里去，还可能碰到水蛇或者被苇茬子扎了脚，所以只有那些胆子大的孩子才敢去掏苇柞子。

招蝴蝶

　　春天，花儿开了，蝴蝶飞舞在花丛中，非常好看。喜欢蝴蝶的女孩子就会去招蝴蝶了，方法很简单，用一根小棍儿拴上一根线，线上拴一小块花纸，在花草中挥来挥去，好像一只漂亮的蝴蝶在空中飞舞。同时口中唱着歌谣："蝴蝶蝴蝶飞飞，让你爹妈追追；蝴蝶蝴蝶落落，让你爹妈照照。"真蝴蝶被招引来了，它们往往会被小姑娘们捉住，拿回家去玩儿。

逮蜻蜓

　　北京人把蜻蜓叫作蚂螂。夏天，大雨过后，在有水的地方就会飞来成群的蚂螂，追逐嬉戏。孩子们纷纷走出家门，有的找一根竹扫帚条子，有的拿个网子，追着蚂螂唱道："蚂螂蚂螂过河来，东边打鼓西边敲锣来！""刷！"竹条子抽了过去，不知哪一只蚂螂会被竹条子抽蒙了，落到地上，或被网子兜住，就成为孩子们的战利品了。

逮蚂蚱

　　北京人管蝗虫叫蚂蚱。野地里到处都可以看到它们。孩子们三个一群、五个一伙儿地来到城外的野地里，脱下小褂，看见蚂蚱飞起来落到一个地方，就蹑手蹑脚地走向前去，用力一扑，就扑到了。然后用一根草把逮到的蚂蚱串起来，最后变成一串或几串，拿回家去喂鸡吃，或是送给养鸟儿的人喂鸟儿吃。在当时生活比较困苦的年代，烧蚂蚱也是孩子们喜欢的一顿野味。

咬咬

　　老虎是兽中之王，在过去大人都喜欢把自己家的男孩子打扮成老虎的样子，据说可以驱邪避灾。他们给孩子做了虎帽、虎鞋，还有一副虎形的手套，俗称"手措子"。把孩子打扮起来，孩子的胆子也壮了起来，看到小猫、小狗的时候就做出厉害的样子："嗷！咬你咬你！"有时候也吓唬大人，大人装作害怕的样子："我怕哟！"使孩子很得意。

粘鸟

  粘鸟是抓鸟的一种方法，是大孩子玩儿的游戏，因为他们敢上树。用木棍粘上很厚的桐油，绑到树枝上去，只要是鸟儿一落上去，就被粘住了，成了孩子们的战利品。这种游戏颇有些守株待兔的意味。把鸟捉住带回家去，自己养着玩儿，或者送给好朋友。

拉家雀

　　北京人管麻雀叫"家雀""老家贼"。漫天大雪，像厚厚一层白棉被一样。天上落着雪花，不但是孩子们看雪景的好时候，还是他们捉麻雀的好时候。在院子里，将一个筛子扣在远处的空地上，下面撒些谷粒。筛子用小棍支着，棍子上拴一条绳子，孩子们站在远处手拉着绳子等麻雀，一只进去就会引来许多麻雀，看着已经不少了，将手里的绳子一拉，那些麻雀就被扣在筛子底下了，成为了孩子们的战利品。

养鸽子

　　北京的孩子喜欢养鸽子，这既是一种娱乐，也是一种情趣。在过去，北京许多市民家里都养着鸽子。每天清晨和傍晚，都会看见孩子站在院子里或者房顶上，用一根绑着红布的竹竿轰鸽子，成为了老北京的一景。白色的、灰色的、紫色的鸽子带着鸽哨飞上天空，发出悦耳的响声，孩子们目不转睛地看着，有一种成就感，同时也是一种享受。

扎蛤蟆

　　北京人管青蛙叫"蛤蟆"。到了夏天，有些男孩子喜欢去水塘边上
扎蛤蟆。一根长竹竿，前端带有一个尖尖的铁钎子，看准了哪里有蛤蟆，
猛地一下子扎下去，就能捕获到猎物了，弄好了，可以弄回来几十只。
回到家里之后，把蛤蟆剥皮，蛤蟆腿做熟给爸爸下酒，如果是卖给小吃
摊，还可以得到一笔小钱儿。

掏家雀

　　麻雀又叫"家雀""老家贼"，因为它们经常在房檐底下做窝，这就给孩子们提供了掏家雀的条件。三五个小伙伴找到了家雀窝之后，听见里面有小鸟的叫声，就登梯子爬高，到上面去掏。大鸟当然是掏不着的，但是小雏鸟却能够掏到，捉住之后带回家去，放在小盒子里养着，喂它小米、小虫子，养着玩儿，也能养熟。家雀虽然不好看，鸣叫声也单一，但总算是鸟类，养起来还是蛮有情趣的。

掏老鸹蛋

　　老鸹就是乌鸦，它的窝一般都搭在很高的树上。淘气是男孩子的本性。每当发现大树上有了老鸹窝，常会爬树去掏。他们多是一些顽皮的孩子，也是胆大健壮的孩子。在树上见了老鸹蛋，无法拿着，就装进衣服兜里，还有的孩子只穿着小裤衩上树，没衣服兜，只好含在嘴里倒退着下来。还有更淘气的孩子，把老鸹窝都给捅下来。下面会有多个孩子等着，然后一起想法煮熟了吃蛋。

养蚕

　　养蚕是一种不错的游戏，一般都是女孩子喜欢养蚕。用小纸盒养几只蚕，每天给它们去采桑叶，回来喂蚕宝宝，看着它一天天地长大、蜕皮。等到蚕宝宝长大了，要吐丝了，就把蚕宝宝放在一张白纸上，可以观察它吐丝作茧的过程。通过养蚕，孩子可以观察到蚕的生长全过程，培养孩子细心耐心的好习惯和求知的欲望，对孩子的成长很有好处。

养鸟

　　北京人喜欢养鸟，早年间，大街上、茶馆里经常可以见到提笼架鸟之人。这必然会影响到孩子们。孩子们养鸟纯粹就是玩儿，他们养不起那些名贵的鸣禽，就养一些麻雀、老锡嘴之类的一般品种。鸟笼子也非常简陋，一般都是自己做的，能用就行。聪明的孩子往往能把鸟儿驯熟，达到召之即来、挥之即去的效果，这和大人养鸟听鸟鸣叫声相比，又是另一种乐趣。

玩萤火虫

　　伏天夜晚，屋里闷热难眠，一家人在院子里铺上席子乘凉。黑暗中，萤火虫飞来飞去。大些的孩子便去捕捉，捉到后拿着看萤火虫屁股一闪一闪发着亮光。小一些的孩子便被家长抱在怀里念起歌谣："火虫，火虫，下山儿来呗，给你爹妈晒羊肝儿来呗！东窗台没有，西窗台没有。哪儿去啦，猫叼去啦！猫哪？上山啦。山哪？水冲去啦。水哪？牛喝去啦。牛哪，子子牛牛，子子牛牛。"说着把手指向孩子的身上比较敏感的地方一捅，把他逗得嘎嘎乐了起来。

玩豆虫

　　到了夏天，菜地里、葫芦架上会飞来许多小虫子，于是孩子们就又有了新的游戏 —— 捉虫子。在众多的小虫子中有一种小瓢虫，黄色的身体上带有几个花点儿，样子就像半粒黄豆一样，所以北京的孩子就叫它"豆虫"。大孩子把豆虫捉来，哄小弟弟、小妹妹们玩儿。

莲花灯

　　莲花灯因灯形似莲花，故名。这是佛教灯种之一，观音大士专用，象征着佛光普照，莲花灯照亮了每个人的心，普照全天下！农历七月十五中元节是点莲花灯的日子，在中元节之前，胡同里就有卖莲花灯的了。莲花灯也可以自己做，一般是用彩纸做成莲花瓣，组成花篮，里面用彩纸做成莲藕、荷叶、茨菰叶等，十分精美。小孩子也玩莲花灯，并且自己做。他们的莲花灯特别简单，一个荷叶插上一根蜡烛，这就算是莲花灯了。

插细篾儿

　　所谓的细篾儿指的是秫秸秆光滑的硬皮，有硬度也有韧性，很适宜用来进行编织。聪明的孩子们把秫秸秆上的硬皮剥下来，削成一条一条的，把秫秸秆的内瓤切成小段儿，用细篾儿和秫秸秆的瓤子插成小灯笼、小眼镜儿、各种小动物，同时也锻炼了他们动脑动手的能力。

枣儿磨

　　到了夏季，枣树上的枣儿还没熟，但是这时候常常刮大风，把青枣吹落一些。于是孩子们捡来做推磨游戏。取一枚大青枣，上面扎一根圪针，下面扎三根等长的席篾，成为一个三脚架；再用一根长些的席篾，两头各扎一枚青枣，然后将席篾中间放到圪针尖上，再用一节席篾拨动，它就在圪针尖上旋转起来，是很好看的。

玩冰车

　　冰车也叫冰床子。找几块木板条，用钉子把木板条平整地钉在两根厚一点的木条上，就成了平板车的雏形。找两根粗的铁丝，两头钉进木条固定，中间部分嵌在木条表面。找两根圆的木棒，在一头钉进一根大钉子，再把钉子的头磨掉、头磨尖，用作滑冰车的钎子。滑的时候，把冰车有铁丝的那一面放在冰面上，孩子盘腿坐上冰车，两手各执一钎子，往后用力一划，冰车就冲了出去。

吹葱笛儿

　　开春之后，小葱就上市了。大人买回葱来做菜吃，小孩儿掐一根葱叶做葱笛儿玩儿。葱笛儿有两种，一种是硬的，掐约一寸长的葱管儿，就能吹响了；另一种是软的，取一整根葱叶，根部留一段，其余部分用火烤软，把尾部掐去一点，用嘴吹时，软的部分像猪的尾部一样上下左右颤动，发出小公鸡一样的响声，十分好听。

做柳笛儿

　　春天来了，河边的柳树长出了绿芽，取一段柳条，用力一拧，里面的木质部分和外部皮层就分离了，轻轻地将木质部分转着抽出来，外皮就成为一个管状，拿剪子剪掉一些，再以指甲去掉一小段老皮，留下嫩皮，就可以当作笛子吹了。如果几个孩子在一起吹柳笛，发出的共鸣声更好听。有一首关于柳笛的儿歌："柳条青，柳条弯，柳条垂在小河边。折枝柳条做柳哨，吹支小曲上青天。"柳哨就是柳笛。

拉线人

　　这是一种很有趣的玩具。有卖的，也可以自己做。用硬纸板做成玩偶的胳膊、腿、身子，用线连接在一起，玩偶可以画成各种形象，什么孙悟空、猪八戒，等等。再用一根长一些的线绳与连接胳膊、腿的线绳连接，把长线绳垂下来。用一根竹竿把做好的玩偶挑起来，一拉长绳，玩偶的胳膊腿都会动。这种游戏可以锻炼孩子的动手动脑能力，培养孩子的创造性。

玩弹弓

　　弹弓是男孩子都爱玩儿的一种玩具。用两根长约20厘米、宽约1厘米的胶皮条，或者橡皮管儿，皮筋也可以。一端绑上一块比皮条稍宽一些的皮兜子，另一端绑在一个Y形的树杈上，不用树杈，也可以用8号铁丝做弹弓架子，然后夹一颗小石子做子弹，瞄准目标将小石子射出去。玩弹弓一般用来打鸟、打老鼠、打靶子练准儿，要注意切不可伤到人。

编草

　　道旁生长着一种叫毛毛草的野草，可以用来编制许多种玩具，最简单的是毛毛狗。先找两颗等长的毛毛草当成动物的两只耳朵，用毛毛草围绕双耳的下方绕圆圈，有一两根就差不多了，再找两根一般长的插好当成前腿。还用毛毛草围着它的茎部继续绕圈，把它的肚子编出来，再找两根一般长的毛毛草插好当它的后腿，再找一根插在后边当成尾巴。这个草编的小狗就算编好了。样子形象，不用花钱，全凭想象，对于培养孩子的动手动脑能力很有好处。

做风车

　　小风车是孩子们喜爱的一种玩具，没有卖的，都是自己做。用一块方纸，依对角线对折两次，沿着对角线的折痕剪到一半，将四角的一半按顺序折向中间，再用一节带叉的竹子棍插过这四瓣纸，再通过一寸来长一截高粱秆当作轴心，从方纸中心穿过，扎到二尺多长一截高粱秆的顶端就行了。拿着它向前跑，或迎风跑就会飞转了，转动方向依照纸瓣的顺逆而变化。

弹球

　　弹球是十来岁男孩玩儿的游戏，带有比赛的性质，因而最少要两个人玩儿。玻璃球有卖的，大个的叫老子儿，小的叫泡子儿。玩法有很多种，例如钉大箱、跑疆、续锅、掏坑、吊球，等等。这种游戏也带有输赢性质，例如自己的玻璃球被别人打出了界，这个球就归人家了。这种游戏关键在于准确性，可以锻炼孩子手指关节的力量和灵活性。

骑水骆驼

　　到了夏天，暑热难耐，孩子们都喜欢玩儿水。要下水必须要学会游泳。在初学阶段，不识水性的孩子可以用骑水骆驼（也叫骑老母猪）的方法玩儿。早年间，人们穿的都是家做的缅裆裤，将裤子脱下沾湿，把两条裤腿用柳条捆住，提起来抖开裤腰，猛然向水里一扎，裤腿里就充满了空气。借着浮力，骑在上面就不会下沉了，和救生圈的作用一样。

水牛儿

　　北京人管蜗牛叫"水牛儿"。夏季雨后，在背阴潮湿的墙根儿处，经常可以看见有水牛儿，驮着壳子在缓慢地爬动。把一个尚未露出头的蜗牛放在手心上，手心中放一点清水，然后反复唱着："水牛水牛，先出犄角后出头了呗！你爹、你妈，给买了烧羊骨头烧羊肉了呗！你吃，你喝，猫儿叼了去了呗！"直到把蜗牛叫出来为止。

打屁股会儿

　　这是十来岁的孩子玩儿的一种多人游戏。几个孩子凑到一起，用瓶（cèi）丁壳的方式来决定先后顺序，输者就要被打屁股。被打者的脑袋夹在别人的腋下，脸朝下，什么也看不见。其他的孩子悄悄地过来打他的屁股，挨打者要猜刚才是谁打的自己，猜不中还要继续挨打，直到猜中了为止。被猜中者就要像他一样被打屁股，继续往下玩儿。

数星星

　　夏天的夜晚，大家都坐在院子里乘凉，晴朗的天空繁星闪闪，小孩们围着爷爷奶奶，听老人讲天上星星的故事，讲得最多的就是牛郎织女天河配、月里嫦娥和玉兔、勺子样的北斗七星等。天上的繁星对孩子们充满了神秘感，有的孩子就会数起天上的星星来，数着数着就睡着了，进入了甜蜜的梦乡。

赶大车

赶大车就是驾驶大马车。在过去没有这么多汽车，运货进城出城的大多是马车，因而大马车给孩子们留下了深刻的印象，于是他们就发明了"赶大车"的游戏。准备一根长绳子结成绳圈儿，一个或两个孩子把绳圈套在身上当马，另一个孩子在后面牵着绳圈当赶车的，手里拿着一根小鞭子，学着赶车人的样子，轰着"马"向前走，当马和当赶车人的孩子可以轮换着玩儿。

拍花巴掌

　　拍花巴掌也叫打花巴掌，是女孩子喜欢玩儿的游戏。两个人相对而坐，手掌互相拍一下，再自拍一下，如此反复。边拍边唱："打花巴掌哒，正月正，老太太爱看莲花儿灯；打花巴掌哒，二月二，老太太爱吃冰糖棍儿；打花巴掌哒，三月三，老太太爱吃糖瓜儿粘；打花巴掌哒，四月四，老太太爱逛潭柘寺；打花巴掌哒，五月五，老太太爱打太平鼓；打花巴掌哒，六月六，老太太爱吃炖大肉……"一直唱到九月为止。

背缸倒缸

　　这是两个以上的人玩儿的游戏，两个人背背相对，把胳膊拐起来，两个人一仰一合，你背我一下，我背你一下，一边背一边唱："背缸，倒缸，咸菜缨儿，好香！"这个游戏，可以活动孩子的全身，特别是腰部的力量，是一种不错的锻炼身体的方法。

学踩高跷

　　高跷是秧歌的一种，正月十五闹元宵各种民间花会上街表演的时候，对于爱玩儿的孩子影响很深。孩子们见大人踩高跷，于是就模仿起来。取两根木棍，按照自己年龄大小做成高跷腿子。他们不用捆绑，只是双手提着高跷腿子的上部，向前迈步行走。也有使用两把掘地的方锹当作高跷的，手握着铁锹把，脚踩着铁锹，像踩着高跷一样向前走。

娶新娘子

　　娶媳妇坐轿子的热闹场面，孩子们经常见到，于是他们就学了起来。
两个大一点儿的男孩子各自右手握住左手腕，再与另一个孩子对握，这
就是一顶轿子。让一个女孩子坐在上面，当新娘子，但是没有新郎倌儿。
其他的孩子把自己的小鼓、小镲拿来敲打，还有吹小喇叭的，他们当作
乐队跟在后面，场面也挺热闹的，孩子们玩儿得都挺开心。

过皇上

　　这是四五个孩子一起玩儿的游戏，先由一个较大的孩子当"盆"儿，把手心朝上伸出来，其他的孩子把自己的食指伸进"盆"里，盆儿的手一张一合，口中念道："青沙白沙大把一抓，青锁白锁嘎嗪儿一锁。"说到"锁"的时候，就把手攥住，抓住了谁，谁就要被蒙住眼睛，其他的孩子做各种动作，"盆儿"根据他们做的动作说："老虎过去了，推车的过去了……"叫被蒙的人猜是谁，猜中了就要由被猜中者代替他，继续往下玩儿，如果猜不中就由他继续猜。

天下太平

　　七八岁的孩子刚上学，认字还不多，于是就开始玩儿简单的文字游戏。这是两个孩子一起玩儿的游戏，每个人在地上画一个田字格，每个格里要写一个字。二人相对站立，用手做锤子、剪子、布。哪个人赢一次，就写一笔，先写完"天下太平"四个字者为胜。"天下太平"四个字具有美好的寓意，同时也是记住汉字、练习写字的一种好方法。

削尜

　　削尜也叫"打尜尜"。"尜尜"是两头削尖的短木棍。玩时，将它放在地上，另用一根棍子猛力击打它的一端，它就飞到空中，跳到很远的地方。比赛看谁把尜尜打得更远。还有一种玩儿法，做一个一尺长的木板，二三寸宽，在三分之一处做细一点，当把手用。用木板的平面打尜尜，使尜尜飞远，那边有几个小朋友用帽子或衣襟去接，谁接住了就由谁来打尜尜，接不住，还由原来的人继续打。

招兵

　　在过去北京城里经常有招兵的，孩子们也学着招兵的样子做游戏。一般是由一个比较大的孩子当"招兵的"，他一招呼就有四五个孩子跟在他的后面，排着队跟着他走。"招兵的"一边走一边说："是我的兵，跟我走，不是我的兵，拿屁崩，崩两半儿，换取灯……"

拨糖棍儿

　　这是一种冬天里玩儿的游戏。一进腊月，街上就有卖关东糖的了。家里富裕一点儿的孩子买来关东糖，比赛拨糖棍儿。参加者把关东糖放在桌子边沿上，露到外面一些，用食指使劲往下一拨，糖就飞出很远，最远者为胜。糖落地，胜者白吃，输者只好看着。假如刚一拨，糖就断了落了地，这叫"切盘子"，自己的糖就叫人家白吃了。

掷骰子

　　骰子是一个正方体，六面都有点数，从一点到六点，既可以用来争先，也可以用于赌博，在各种游戏中应用得非常广泛。冬天有时候天气不好，冰天雪地，大风呼啸，孩子们不能出去玩儿了，就在家里掷骰子玩儿，大家轮流把骰子掷进碗里，谁的点数大谁赢，赌注一般都是铁蚕豆、花生、糖豆之类的小吃。玩儿掷骰子不是为了赢，就是为了取个乐儿。

吹泡泡

　　吹泡泡几乎是每个孩子都玩儿过的游戏，用具简单，但是很好玩儿。先把肥皂溶化到水里，用一根笔管或一节芦苇，蘸上肥皂水，用嘴一吹就会吹出一个大气泡，在阳光下，五颜六色的，非常好看。不等气泡在空中飘动着爆裂，又一个气泡吹了出去，有时还能吹出一连串好看的气泡。

打水漂儿

孩子们到河边儿去玩儿，都喜欢打水漂儿。捡几块薄石片或者瓦片儿，平着向水面抛去。由于水面的反弹作用，石片在水面跳跃前进，发出"片片片"的声音，并留下一轮轮波纹后沉底。在玩儿的时候，一边打一边说："片儿仨，片儿仨，单打十仨，十仨不够，单打一百八十六。"孩子们互相比赛，看谁打得远，打的水漂儿多，玩得很开心。

打雪仗

　　大雪天依然挡不住孩子们爱玩儿的性情，打雪仗就是一种冬天里勇敢者的游戏，是较量比赛的玩儿法。孩子们之间没有真正的敌我，一玩儿起来就开始分出"敌我阵营"了，于是互相追击，把地上的雪在手里团成雪团飞向对方，一场激战下来，满身是雪，一头大汗。好在都不会伤害着谁，只有互相之间的嬉笑声，不知不觉度过了一段快乐人生。

堆雪人儿

　　堆雪人儿是在滚雪球基础上增加的游戏。做雪人儿先要滚出一大一小两个雪球。大雪球作为身体堆在那里，然后将小雪球放在上面当它的头。放结实后加以修饰。有的孩子找来一顶破草帽给它戴上，有的孩子挖出耳朵，还有的找两颗圆石子安上"眼睛"，找几撮玉米须子塞在帽子下当头发，脖子上围上玉米叶当围巾。孩子们充分发挥想象力，玩得很认真。有时大人也参与其中，帮助和指挥孩子们玩儿。这是老幼皆宜的游戏。

开火车

　　这是一群孩子玩儿的游戏。用两根五六尺长的竹竿或者秫秸秆儿，由两个稍大一点儿的孩子前后拿着棍子的两端，前面是火车头，后面是火车尾，中间站上两三个孩子，这就是一列火车了。握棍子的孩子前后摆动两根棍子，学着火车拉杆的样子，碎步向前移动，一边学着火车开动和火车鸣笛的声音，并且不时地报站名。这是孩子们向往旅游的一种游戏。

扇洋画

　　洋画是早年间烟盒内的随赠物品，长约8厘米，宽约5厘米，一面画有人物图像，一面没有图案。在玩儿的时候，每个孩子各出一张洋画，有画的一面朝上，摞着放在地上、炕上或桌子上，先由一个人用手掌在洋画旁边拍，手扇出的风若将一张或几张洋人翻过来了，这几张洋画就归他了。没翻过去或还有剩余，换人接着玩儿。都翻完，玩儿下一局。

骑竹马

　　骑竹马是男孩子玩儿的游戏，男孩子都有一种阳刚之气，骑竹马正是表现他们尚武精神的一种游戏。一群孩子，每个人找一根四五尺长的竹竿或者秫秸，左手握着一端，放在胯下当马骑，右手举着一根小棍儿或者是木刀木剑，当作马刀兼马鞭，学着骑马打仗的样子。有的还扮作古代的某某大将，互相"交战""比武"，孩子们玩儿得很尽兴，气氛十分热烈。

逛灯

　　北京的元宵节观灯活动从正月十三开始，到正月十七结束。在这几天里，家家户户闹花灯，大街小巷彩灯高挂，东四牌楼、地安门、东安门大街、西四牌楼、前门一带的店铺也都挂起了各式各样的花灯，西瓜灯、白菜灯、荷花灯、走马灯……争奇斗艳，引来不少的观众。妇女小孩也都手提着灯笼去逛灯，大街上形成了一条星星点点、蜿蜒曲折的长龙。

翻撑儿

　　翻撑儿也叫吃线、吃绳儿，这是两个人玩儿的游戏。玩儿时，用一根线系成一个圆圈，套于一个人两手的中间三个手指上，两边是单条直线，中间是两个剪子股的斜线。另一个人双手伸进斜线内翻过来套在自己的手指上，线的形状就发生了变化，接着第一个人再去伸进线内翻过来套回自己手上，又出现新的形状。这样反复玩儿。当呈现四条直线，叫小面条；呈现对角线交叉叫花手绢；呈现上下对角线交叉的槽形叫牛槽子等；呈现多角相连叫乱劈柴……

拍燕窝

　　在有湿沙土的地方，孩子们可以将左手或一只手或脚放在那里，然后右手往上堆湿润的沙土，一边堆一边拍，这样沙土就结合在一起，等把手或脚抽出来的时候，就成了一个沙土窝。在拍的时候，一边拍一边念歌谣："拍，拍，拍燕窝，拍出钱来打酒喝。"

唱儿歌

　　儿歌是以低幼儿童为主要接受对象的具有民歌风味的简短诗歌，它是儿童文学最古老也是最基本的体裁形式之一。儿歌是民歌的一种，内容多反映儿童的生活情趣，传播生活、生产知识等。例如："小孩小孩别打架，打流血了我害怕。"词句音韵流畅，易于上口，曲调接近语言音调，节奏轻快，并且内容有意义，寓教于乐。

弹花音儿

　　这是一种以杏核为玩具的游戏，要两个以上的女孩子一起玩儿。
每个人拿出几粒杏核撒在地上，用小手指从两粒杏核中间划过去，把
一粒杏核弹向另一粒，被弹中的就归自己了，如果在划的过程中手指
碰到了杏核或者没有弹中，就为失败，换一个人玩儿，最后以所得杏
核的多少定输赢。

打仗

　　这是一种多人游戏，一群孩子分成两拨儿作为敌我双方，用自己的木头枪、木头刀之类的玩具作为武器，模拟评书里的故事情节，两拨孩子开始打仗。枪声、炮声、喊杀声不断，战斗也是相当激烈的。这个游戏表现了孩子们善于模仿的习性和尚武精神。

骑马高凳

　　孩子们善于模仿，"骑马高凳"就属于模仿类的游戏。由一个人当
马头，一个人当马尾，当马尾的人抱住"马头"的腰，让一个小孩骑在
他的后背上，旁边还要有一个人保护他，以防摔下来。骑马的孩子口
中吆喝着轰着自己的"马"向前走，这匹"马"要服从口令，叫走就走，
叫停就停，好像真的骑马一样。

耍中幡

　　在庙会上，经常看见耍中幡的，在闲暇之余，孩子们就进行模仿。他们把竹竿、掸子等长的东西都可以当作自己的道具，竖起来用手或手指托着，寻找物体的重心，尽量地保持平衡，不让自己的道具倒下来。练得好的孩子可以用脑门、一根手指顶着道具，长时间不倒，有的还可以走动。这种游戏对于孩子的身体平衡能力是一个很好的锻炼。

跳房子

　　在地上画上几个连着的双排对称的正方形框当作房子，玩儿的孩子抬起一只脚从右边的一间房子磕到头，拐弯磕到左边房子，再往回磕到头。在磕的同时脚下还要踢着一个石片。在磕的过程中若不慎小石片压到房子的边线了，则为坏了，换人继续磕房子。若两排方框都磕完了，没有出现压线，则可以在任意房子内"盖一间房子"，"这间房子"可供这个人在磕的过程中在此落脚一次，然后再接着磕。谁盖的房子多，谁就算赢了。

打台(tǎi)

　　这是一种男孩子玩儿的游戏，两个孩子每人找一弯曲的短粗树枝子，画一条线，一个人把自己的树枝子扔在线的附近，另一个人用自己的树枝子去砸那根树枝子，把那根树枝子打出线去为胜，两个人轮流着玩。由于树枝子是弯曲的，被砸中之后或飞起来，很难判断会飞向何方。

过家家

　　这个游戏是模仿性质的，并且带有表演性，一般都是模仿家庭生活的情景，要两个以上的孩子一起玩儿。女孩子一般都喜欢当妈妈，布娃娃就是自己的孩子，把娃娃抱在怀里，模拟给孩子喂饭、喂水，哄孩子的情景，以及孩子生病、看病、吃药的情景；邮差送信的过程等等不同的场合情景，模仿得惟妙惟肖，充满了情趣。

开汽车

　　这是孩子模仿开汽车的游戏，几个孩子坐在小板凳上排成一排，前边的孩子当司机，做着掌握方向盘的样子，口中模仿着汽车的马达声、刹车声、喇叭声，后面的孩子模仿坐车的乘客，其中的一个孩子当售票员，不时地进行报站："西单牌楼到了，有下车的没有？"很是热闹，并且充满了情趣。

乞巧

　　在七月初七的中午时分，把一碗水放到太阳底下去晒，女孩子们把绣花针轻轻地放在水面上，在水面张力的作用下，绣花针会漂浮在水面上，针影映在碗底上，通过观看针影的形状来判断姑娘的拙与巧，如果针影像花、像云、像细线，这说明这位投针的姑娘是一位巧妇。如果针影像棒槌，那就表示投针者是个笨丫头。

看耍猴的

　　在胡同里经常来耍猴的卖艺之人，敲着铜锣，手里牵着一根绳子，绳子上拴着一只小猴子。小猴子非常机灵，不但会翻跟头、爬竿儿，还会模仿人的各种动作，你看它穿着彩色的官衣，戴着官帽，摇摇晃晃地进行表演，滑稽又可爱，引得孩子们哈哈大笑。每当胡同里来了耍猴的，孩子们都要追着去看。

唱大戏

　　北京人喜欢戏剧，孩子们同样如此，几个小伙伴儿凑在一起就能唱上一台大戏。戴上花脸儿（面具）、拿着木头刀枪，扮作戏里的孙猴子、大花脸，嘴里念着咚嘣隆冬呛的家伙点儿，一台大戏就开始了，虽然不会唱，但是耍一顿也算是过了戏瘾了。

逛庙会

　　庙会是以往京城的一种大型集市性欢庆活动。地点多选在护国寺、白塔寺等古刹或大寺庙中，多在固定的年节间举行。庙会上卖饮食、卖百货的小贩云集一起，还有说相声耍杂技唱小戏等各种表演。北京的成年人都爱逛庙会，孩子们更是火着心儿地要去。因为那里有吃有玩有看的，所以每次逛庙会孩子们都是乘兴而去，满意而归。

撇大撇

　　两个孩子手拉手，脚尖相对，身子往后仰，准备好了之后，就以脚尖为圆心，开始快速地旋转，边转边唱："撇，撇大撇，一撇撇到门后头，门后头，有沙子，专扎你的脚丫子。"在做这个游戏的时候，两个人一定要把手拉紧，否则因为离心力的作用会把人甩出去，摔倒。

撞拐

　　一般是两个男孩儿玩，每个人都将一条腿抬起弯曲，并用手抱着脚托着这条腿的膝盖，然后两个人膝盖相互撞击，谁的脚先落地了，或一直向后退去，就算输了。这个游戏不分场地，不用任何用具，属于徒手类游戏，可以锻炼孩子的平衡能力和耐力，既是娱乐也是一种体育锻炼，是一种很好的游戏。

演节目

　　这是孩子们模仿木偶戏表演的一种游戏。在老北京的大杂院里，人们都在院子里拴上一根绳子，晾衣服，晒被子，这就给孩子们提供了表演木偶戏的条件。一个大一点儿的孩子躲在被子后面，用被子挡住身体，举起双手从上面露出来，一只手举着一个玩具，当作木偶，进行表演，其他孩子在前面观看，表演者非常卖力气，连演带唱，观看的孩子不住地喝彩，玩儿得非常开心。

降落伞

　　将一个四方手绢每个角上拴一根线，四条线要一样长，在四根线的汇合处拴上一个小沙包，然后抛向空中。由于沙包下沉和空气对手绢的浮力，手绢在空中张开，缓缓地飘落，就和真的降落伞一样。如果降落得太快，把沙包减轻一些就行了。

打冰出溜

　　冬季，住家离河近的孩子可以来到冰面上来玩儿；在离河远的地
方，凡是有水井的地方，井旁就会因洒水而结冰，也有一段冰道；还
有住户往街上泼水，也常会形成一段冰道。这些都是儿童们寻找乐趣
的地方。最简单的是打冰出溜。从高处向低处滑冰，先起跑几步，然
后在冰面上滑行。一个连着一个，有的还玩起花样，上了冰道便把身
子蹲了下来，蹲着滑冰以显示与众不同。也有的玩得不妙，中途坐倒，
被同伴们喊叫："老头儿钻被窝儿喽，欧！"他还是顽强地再来。大家
开心极了。

套圈儿

　　"套圈"其实是圈套，小贩把各种物品摆在地上，这些物品有玩具、食品、生活用品，都具有一定的价值。在距离约两米多远的地方画一条线，花几个小钱，买小贩的几个圈儿，就站在线后面抛出手中的圈，套上什么就给你什么。看似便宜，其实你没有小贩精明，那圈子是细竹皮做的，着地之后就会弹起来，你就是套上了，也会弹出来的。小孩攒几个钱不容易，想要以此来得到自己喜欢的玩具，但是却蚀本而归。

瞎子摸瘸子

　　十几个儿童围成一圈。选出两个人，一个人当瘸子，将他右（或左）手捆在右（或左）小腿上，这样一瘸一拐地走路就成瘸子了；另一个人当瞎子，用围巾将他双眼蒙住。这时场子上瘸子喊一声，游戏开始，听到声音，瞎子向出现声音的前方去摸。瘸子就赶紧躲开，见瞎子摸空了，又喊：在这儿哪！瞎子又去摸，瘸子为了防止被摸到，就一瘸一拐地逃跑，瞎子就一次次摸空，他们一个跑着一个摸着，引来大家一阵阵的笑声。

压压摇

　　这是属于不用任何玩具的徒手游戏。两个小孩在地上相对而坐，手拉手，都坐在对方的脚面上，你的身体向前，我的身体就要往后，二人要配合默契，这样才能一起一落，一前一后，一摇一晃，像一只波涛中的小船一样前进。一不小心就会人仰船翻，逗得大家哈哈大笑。

拉大车

　　在过去，北京没有这么多汽车，运输货物主要靠马车，这也成了小孩子模仿的游戏。北京人管马车叫"大车"，找一块小木板，安上两个小轱辘，拴上一根小绳子，一辆大车就算是做好了。装上几块石头或者沙土，牵着绳子拉着大车运到另一个地方去。这是小孩儿模仿生产劳动的一个游戏。

看耍咕咕丢

　　"咕咕丢"就是小型的木偶戏，艺人担副担子，一端是一个三层屉的大圆笼，另一端是粗蓝布裹着一个木框子。将担子靠边放好，打开大包袱。这是一个大口袋，口袋嘴连着一个四方的木框子，艺人在框上用几块木制的景片搭成了一个小舞台，艺人用扁担插入框架底部，往起一举，一座微型舞台就立在观众面前了。艺人钻进口袋里，敲打着锣，吹着笛哨吱吱地响。这就算开台了。演出的节目有《猪八戒背媳妇》和《王小二打老虎》。孩子们都喜欢看咕咕丢。

过年

　　"新年到，放鞭炮，穿新衣，戴新帽。"新年新岁，万物更新，到处都热热闹闹，透着那么的喜兴。这是一年里孩子们最高兴的日子，有新衣服穿，有好吃的东西，有压岁钱，还有许多好玩儿的东西和场所，例如挂灯笼、放鞭炮、逛庙会，等等，真是热闹极了。

染指甲

　　女孩都爱美，几乎每个女孩都喜欢染红指甲。一到了农历五月，指甲草就开花了，红艳艳的。女孩子就把花采下来，放在小酒盅里或是茶碗底的小窝窝里，放少许的白矾，然后用锥子把花捣烂，用锥子尖挑起花泥放在指甲上，等花泥干了之后，把干花泥去掉，指甲就染好了，颜色艳泽，能够保持很长的时间。

玩升官图

　　"升官图"是一种棋类游戏，要四个孩子一起玩儿。棋盘上画着许多相连的格子，里面分别写着官名，从低到高。一个捻捻转儿上面四方分别写着"德""才""功""脏"四个字。四个人依次捻动捻捻转儿，看停下来的时候显示的是哪一个字，"德"字走两步，"才"字走一步，"功"字原地不动，"脏"字倒退一步，以先到图中心的最高职位者为胜。

荡秋千

　　在街上大树结实的树杈子上拴两条绳子，绳子的下端再拴上一个可坐人的木板，一个秋千就算做好了。玩的时候，人坐在木板上，另一个人在后边用力一推，就悠荡起来了。也可以站在木板上，自己用力悠荡起来，有如腾云驾雾一般。荡秋千多在春季，有"大清明小清明，荡了秋千不腰疼"之说。小孩子荡秋千，一定要有大人保护，以免掉下来发生危险。

水唧筒

　　旧时，孩子们在一起玩儿，如果能够寻找到一节竹子，就会用它玩儿起水唧筒的游戏。将有节儿的一头用烧红的铁丝烫个眼儿，然后找一根小木棍儿，一头裹上棉花在外边包上块布，用线绳捆牢，让它正好能插进竹管里。放入水中向外一拔，水就进到竹管内，找好目标就可以向外唧水玩了。几个孩子在一起，各拿着自己的水唧筒向对方唧水，他们追着、跑着，把水唧了一身，双方都快乐地哈哈大笑了起来。

江米人儿

　　江米人儿就是面人儿，是一种传统的民间手工艺品。胡同里经常来捏面人儿的手艺人，他们把江米面掺入各种颜色，做成各色的面团，经他们的巧手捏制，一会儿就捏成了活灵活现的小面人儿。有孙悟空、猪八戒、白娘子、花木兰……孩子们都非常喜欢，买回家去一个，越看越爱，玩儿起来没够。

磕泥饽饽

　　北京人管点心叫饽饽。在过去有卖泥模子的，用陶土烧制而成，一般为圆形扁盒状，里面有花纹；如果没有模子，可以用护手霜的小铁盒代替。把潮湿的泥土装在模子里面，填满压实，然后转动着轻轻地磕动模子，使里面的泥土松动，脱离模子，把里面的泥土倒出来，泥土成型，不损不坏，就成为了一个"泥饽饽"。磕出许多的"泥饽饽"摆在台阶上，自我欣赏。这个游戏是模仿八月十五做月饼的样子，可以锻炼儿童的动手能力。

听趣话儿

　　"趣话"就是逗乐的事情、可笑的事情，内容十分广泛，有古代的也有现代的，甚至于还有发生在孩子们中间的事情。孩子们都喜欢听趣话儿，有时候叫大人给说，听了之后记住了，再去说给别人听。讲的人认真，听的人入神，可以锻炼孩子们的记忆力以及复述能力。

漂小船儿

　　在过去，北京的街道、胡同里坑洼不平，排水设施也不好，下雨之后经常积水。这倒给孩子们提供了玩儿水的条件。找一张废纸，叠一只小船儿放进水里，用树枝子一划，小船就能向前走，这也是孩子们的一种乐趣。

跳门槛儿

　　两个人面对面坐在地上，双腿伸直，二人脚心顶住脚心。其他人数不限，按顺序从二人脚上跳过为第一次。第二次，二人右脚跟分别放在自己的左脚尖上。第三次，二人伸出左手，叉开，放在自己右脚尖上。第四次，伸出右手，叉开，放在左手拇指上。四次当中，若有谁某次未跳过去的，立即停止，由未跳过去的换下地面上的人，再重新玩儿。再有未跳过去的，换下另一人。

剁白菜

　　玩儿剁白菜的大多是女孩子，用一只手扳起一条腿来，另一只手侧着成刀形在自己扳起的腿上"剁"，另一条腿在地上跳，边剁边跳边唱着"剁、剁，剁白菜；剁、剁，剁白菜"。这是女孩子模仿做饭的一个游戏，能够锻炼孩子们的平衡能力。

摔跤

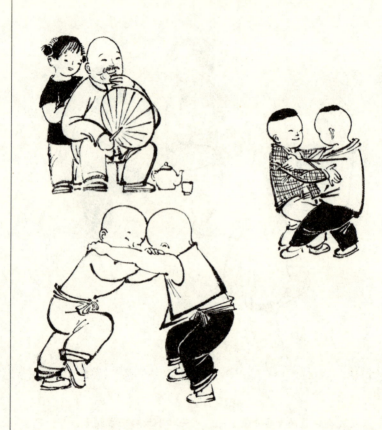

　　北京有许多人都喜欢摔跤，摔跤最出名的就是天桥的宝三，他的跤场子每天观众都很多。男孩子们也喜欢摔跤，找一个沙土堆或者土比较松软的地方，几个小伙伴就可以玩儿摔跤了。有的孩子在大人的指点之下还会一些招数，所以就经常取得胜利。

照相

　　这是一种模仿的游戏。女孩子怀里抱着布娃娃，坐在凳子上，装作顾客；男孩子用几根棍子支一个架子，上面盖一块布或者一件衣服，当作照相机。男孩子当摄影师，给女孩子照相。他会像摄影师那样给"顾客"摆姿势，逗"小娃娃"笑，显出十分认真负责的样子。

抓(chu ǎ)拐

  抓拐是女孩子的游戏，用四个羊拐和一个沙包。把沙包抛向空中，把羊拐按照坑、鼓、正针、反针的顺序摆成统一的形状，一个形状完成后，才可以摆成下一个形状。抛一次沙包搬动一下。最后抛起沙包，把四个拐抓起。中途如果沙包掉落则为坏，换人玩儿。

抛球

　　抛球就和耍杂技一样，把小球抛向空中再接住。小孩子只能抛一个球，还有时接不住，大孩子经过练习可以连续地抛起三四个球，接住再抛出，令人眼花缭乱。抛球可以锻炼孩子的快速反应能力和手的动作灵敏度，对于开发大脑智力、锻炼肢体都有好处。

打出溜

　　在过去，北京城里供儿童玩儿的滑梯很少，孩子们就把大户人家门口的垂带当作滑梯来玩儿。"垂带"就是台阶两侧斜放着的条石，大约有一米多长，孩子们跑上台阶，坐在垂带上，从上往下滑，循环往复。不少人家门前的垂带都被小孩子磨得光溜溜的。

打老

　　这是几个孩子一起玩儿的游戏。先在地上画一个方框做"锅"，在离"锅"一定距离的地方画一条横线，叫作"杠"。参加玩儿的孩子各自拿出数量相同的洋画儿来或者三角（一种纸叠的玩具），放到方框里，然后站在横线的后面，用石片、瓦片依次打"锅"里的洋画或者三角，打出去的都归自己所有。这个游戏可以锻炼孩子击打的准确性，饶有趣味。

打电话

　　在过去，北京城里的电话很少，孩子们觉得很新奇，于是他们就玩儿起了"打电话"的游戏。找一根粗一些的长线当作电话线，一端系上一个纸盒儿当作电话筒，两个孩子各执一端，拿着纸盒就可以"打电话"了。一个人说，一个人听，玩儿得饶有兴趣。

拉钩

　　这是孩子们互相取信的一种方式，两个孩子之间赠与了什么东西，为了防止反悔，就进行"拉钩"。两个人各伸出一根手指头，相互勾住，口中说："拉钩，上吊，一百年，不许要！"后来这种方式推而广之，变成了两个人表示约定不许反悔的仪式了。两个人进行拉钩儿，说："拉钩，上吊，一百年，不许变！"

拔橛

　　所谓的"橛"就是跷起的大拇指，几个孩子，你攥住我的大拇指，我攥住他的大拇指，几个孩子的手摞在一起，好像一座宝塔。孩子们依次从底下抽出来，移到上面去，循环往复，边玩边唱："你拔一，我拔二……"一直到唱完才能停止拔橛的动作。

粘洋画

　　小小的洋画是孩子们喜爱的玩具，有多种玩儿法，"贴洋画"就是
其中的一种。找一面平整的高墙，在墙上画一条横线作为标志，大家
拿出自己的洋画儿来放到横线以上的地方。手一松，洋画落下来，如
果压住了别人的洋画，被压住的洋画就归自己了。

弹洋画

　　在地上画一个圆圈当"锅"，在一定距离处划一道横线当"杠"，几个孩子都拿出相同数量的洋画来，放在"锅"里。然后用甀（cèi）丁壳的方式决定谁先弹。大家依次用中指把洋画弹出，谁弹出横线之外，洋画归谁，弹出几张要几张，以多者为胜。

点牛眼

　　几个孩子坐在床上伸出双脚，以"数脚盘"的玩儿法从某一人的一只脚开始点，边点边说"点牛眼"的歌谣："点，点牛眼。牛眼花，卖糖瓜。糖瓜苦，卖豆腐。豆腐烂，摊鸡蛋。鸡蛋黄，卖老王。老王没在家，卖他们亲哥儿仨。"最后点到哪只脚，哪只脚抽回，到所有脚全部点完抽回为一轮。

看花会

　　北京的花会原来称为"香会"，是酬神娱人和自娱自乐的民间文化组织，每逢庙会、年节就到街上表演，有耍叉的、耍狮子的、踩高跷的、小车会、跑旱船等十几种不同的会档。他们身穿彩衣，脸上画着妆，敲锣打鼓，连耍带唱，非常热闹。每当这时候，孩子们都会追着他们看。

爬树

　　男孩子比较淘气，喜欢冒险、刺激的游戏，爬树就是他们喜爱的项目之一。谁爬得快、爬得高，就会被别人敬佩。爬树不仅可以锻炼身体，锻炼孩子的胆量，除此之外还能够摘果子、掏鸟窝，得到一些战利品。但爬树也是有一定危险的，有些树种很脆，树枝容易折断，所以做这项游戏时要有大人保护才好。

捋鸡毛

　　孩子们的童心无所不在，一根普通的鸡毛都能够成为他们有趣的玩具。把一根鸡毛平放在玻璃上，用手捋它，边捋边唱："鸡毛鸡毛你看家，我到地里摘棉花，挣了钱给你花。"鸡毛被捋了半天，产生了静电，玩鸡毛的孩子用手指动它，鸡毛就上下左右地摇动。

看蚂蚁打架

　　蚂蚁是群居的昆虫，内部分工明确，不同群的蚂蚁碰到一起就会发生战争。双方的蚂蚁越聚越多，用尖利的牙齿互相厮杀，战斗场面十分激烈。孩子们当然不会放过这一奇观，纷纷围着观看。一看就是大半天，非要看到双方分出胜负才肯离去。

单拨儿倒霉

　　在小朋友之间经常会发生这样的事情，一件事谁也不愿意去做，这时候就用"单拨儿倒霉"的方式决定出谁去办这件事。"单拨儿倒霉"也叫"手心手背"，孩子们站成一个圆圈，面面相对，口中唱："单拨倒霉！"说到"霉"字的时候，大家同时各自亮出一只手，或是手心朝上，或是手背朝上，只要是有一个孩子出的手和别人不一样，"倒霉"的就是他了，如果没有一个是单的，就再来一次，直到找出这个人为止。

请你猜

　　这是大人哄孩子，或者是大孩子哄弟弟妹妹的游戏，也可以几个孩子在一起玩儿。一个人把一样小东西攥在手里，然后把双手放到身后捣鼓几下，再把手拿回前面来，叫别的孩子猜，东西在哪只手里，猜中者为赢。所猜的东西一般都是花生、糖豆之类的小食品，谁猜中了就给谁吃。

种萝卜花

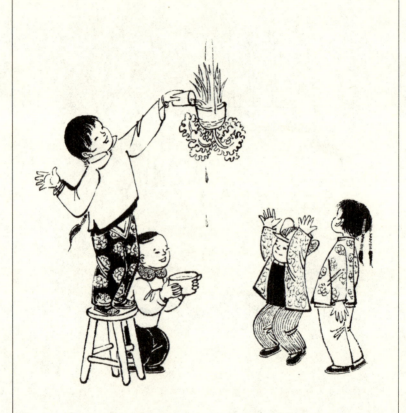

　　冬天里冰天雪地，百花凋零，为了给屋子里增加一点儿绿色，增加生活的情趣，人们就在家中栽种鲜花。那些买不起花儿的人家就因陋制宜，栽种"萝卜花"。把一个大萝卜切下半截做菜，留下下半部挖空后，在里面放上蒜瓣，注水之后吊挂起来。几天之后蒜头就长出了青苗，萝卜也长出了绿叶，给屋子里增加了春天的气息。

跳远

　　孩子们大都喜欢运动，在早年间，胡同里就是孩子们的运动场，在这里进行运动。在地上画一条线，孩子们从这里往前跳，看谁跳得远。也有的是找一个高台阶，孩子们一个一个地往下跳，比谁跳得远。场地虽然简陋，但是孩子们却依然玩儿得很高兴。

弄手影

　　旧时夜晚，屋内点着了灯，将一双手在灯前做着各种动作，在墙上就出现了千变万化的影像，在大人指导下，孩子们变换手型，可以出现鸽子、大灰狼、小兔子、狗等，那些张大嘴巴的动物影像，逼真动人，乐趣无穷。

锤子、剪子、布

　　这是孩子们一种争先的方法。双脚并拢为"锤子"，一前一后为"剪子"，双脚叉开为"布"。布胜锤子，锤子胜剪子，剪子胜布。两个孩子相对而立，口中唱道："锤子 —— 剪子 —— 布！"说到"布"的时候，两个人一起出脚，按照规矩决定胜负。

踩高跷

　　童心是欢乐和灵敏的，爱玩耍的小孩总是善于发现，两把铁锹一支起，就成了"高跷"。这需要足够的胆略和技巧，还有体力，因而只有大孩子才敢玩儿。往"高跷"上一站，一步一步往前移动，尽管有些摇晃，但还是努力不让自己跌下来，踩在高跷上，顿时高了许多，欣喜之间，隐约看见了未来。

过河

　　原来在河上面没有这么多桥，在河中水浅的地方距离不远就摆一块大石头，人们就踩着石头过河，叫作"迈石"。孩子们在地上摆几块砖头或是石头，当作过河的"迈石"。因为是几个点，一定要看准那些"落脚点"，一步步快速踩着过去，要努力保持身体平衡。常有心里发慌的孩子，走到中间，失脚掉了下去，就算是落水了，引得其他人哈哈大笑。

吹毛毛

　　在花红柳绿的季节里，当蒲公英成熟之后，孩子们信手摘下一朵来，把它的花穗捻开，鼓起腮帮子，用力一吹，只见花絮飞上空中，轻轻地随风飘荡。吹一口，飞出一片；吹一口，飞出一片。每个花絮都是一把"降落伞"，把种子带向远方。

推磨磨

　　在孩子们眼睛里，什么东西都能用来做游戏，就连最普通的劳动工具铁锹他们都可以用来玩儿。一个小孩蹲在铁锹上，铁锹把就会跷起，另一个孩子拉着铁锹把向前走，这就是一辆小车；以铁锹头为轴心，转动铁锹把，如同推磨一样，也挺好玩儿的。

圈蚂蚁

　　孩子们在什么地方都能够发现好玩儿的东西。发现一群蚂蚁在地上爬的时候，孩子们取来一枚卫生球，在地上画一个圈子，将蚂蚁圈在里面。因为蚂蚁怕卫生球的气味，闻到之后就后退，所以总是出不来这个圈子。孩子们就在一旁看着它们前进到白色圈子就退回的样子。

逮蛐蛐

　　蛐蛐，学名"蟋蟀"，旧时京城有逮蛐蛐、斗蛐蛐的传统。那时家里没那么多玩具，逮蛐蛐就成了孩子们夏天至秋天最有乐趣的事了。逮蛐蛐要准备好手电筒、竹筒、泥罐、钎子、罩子等工具，在草丛中、砖瓦堆、庄稼地里，循着蛐蛐的叫声，轻手轻脚地过去，看准洞口，然后再逮，或探或挖或灌水。逮蛐蛐可以锻炼孩子的观察力、注意力和动手能力，对孩子的成长有好处。

扒车尾(yǐ)儿

在过去的时候汽车很少，货物运输主要靠大马车，大街上经常有满载货物的大车走过。好动的孩子们不放过任何嬉闹的机会，见有大车走过，淘气的孩子们就悄悄地跟在车的后面，趁赶车人不注意，"嗖"地跑上前去，扒住车尾，过一过坐大车的瘾。不过这种行为是很危险的，并不值得提倡。

种花

　　孩子们大都喜欢种花，春天在院子里，刨个坑种些花草，既是一种游戏，同时也是一种美化环境的劳动。孩子们种的花草一般都是好成活、管理简单的品种，如"指甲草""喇叭花""死不了"等，大一些的孩子更喜欢种豆角、葫芦、倭瓜之类的经济作物。他们会耐心地给自己栽种的花草除草、浇水，看着它一天天长大、开花、结果，很有成就感。

打冰坠儿

　　雪后天晴，屋顶上的雪就开始融化起来，但是下午天气转冷，滴水成冰，就在屋檐结成长长的冰坠儿。孩子们好奇，就去找长棍子，把冰坠儿捅下来，为了取乐，还从一端开始用劲连扫带敲，结果冰坠儿落地一大片。见到地上的冰坠儿，孩子们拾起来，看着干净的，忍不住地放进嘴里吃了起来，有的就攥着它在手里作洗手用，还有的冷不防地将一块放入同伴的脖子里，让他机灵一下子，于是引起一阵打闹。

滚纸圈儿

　　春风荡漾，万物复苏，草变绿了，柳树发芽了，一切都充满了活力。孩子们在草地上跑着、玩儿着。用一个硬纸条，做一个纸圈儿，扔在地上，纸圈在春风的吹动下向前飞快地滚动，孩子们在后面追逐，跑着、笑着、闹着，尽享在大自然中的快乐。

骑大马

　　孩子们的想象力是无限的，找一条长板凳当作大马，骑在上面，手里拿一根小棍子当作马鞭子，用小棍子抽打板凳的后面，嘴里喊着："驾！驾！"身子一上一下地颤动着，仿佛是真的骑着骏马奔驰在一望无际的大草原上，心中充满了快乐。

养蛤蟆咕嘟

　　北京人把蝌蚪叫"蛤蟆咕嘟"。夏天孩子们都爱玩水，在小河里、池塘里会有好多小鱼和蛤蟆咕嘟，小鱼不好逮，逮几个蛤蟆咕嘟回去也不错。孩子用小抄子、小网子，甚至用手就能捞上来几个，放在一个破盆子里，养着玩儿。养蛤蟆咕嘟可以看到它从蝌蚪变成青蛙的全过程，对培养孩子的观察能力很有好处，等蛤蟆咕嘟长成了青蛙，就不再养了，而是把它们放归大自然。

毛毛雨

　　夏天的天气多变，在出门的时候还是红日当头，不知道什么时候就突然间下起了雨，有的人找了一块油布顶在头上，几个熟人立刻就跑了过来往里面钻。你拉我扯，大家一路小跑，去找地方避雨，一边跑一边闹，这也算是难得的游戏了，瞎起哄，闹着玩儿。

正月十五

　　农历正月十五元宵佳节，除了点灯笼之外，还放烟花、舞龙、舞狮、跑旱船、踩高跷、扭秧歌等，其乐融融。家家户户闹花灯，大街小巷彩灯高挂，东四牌楼、地安门、东安门大街、西四牌楼、前门一带的店铺也都挂起了各式各样的花灯，争奇斗艳，引来不少的观众。妇女小孩也都手提着灯笼去逛灯，大街上形成了一条星星点点、蜿蜒曲折的长龙。

扫雪

　　冬天下雪了，白茫茫的一片，到处都被大雪所覆盖，京城里变成了银色的世界。雪天路滑，为了出行方便，大家就出来扫雪了。孩子们当然也不能落后，你拿笤帚，我拿簸箕，把院子里扫出一条通往大门口的道路来，虽然累出了一头汗，但心里还是挺高兴的。

码大队

　　这种游戏类似于"多米诺骨牌"。在建筑工地上有许多砖，孩子们把砖头立起来，砖与砖之间相隔大半块砖的距离，排成一排。从一头推倒一块砖，就会发生连锁反应，一排砖相继倒下去，非常好看。这个游戏一般是在沙土地上玩儿，以防把砖摔坏，玩儿完之后要重新把砖码好。

洗手绢

　　洗洗涮涮的活计在过去都是女人干，小女孩也学着大人洗衣服的样子，在盆子里洗自己的小手绢。她们哪会洗啊？弄得到处都是水，身上的衣服也湿了，手绢也没洗干净，但是妈妈并不会责怪她们，因为她们这是在学习干活儿，在学习劳动技能，多练上几次就学会了。

摸鱼

　　炎热的夏天，孩子们喜欢到河边去玩儿，一是那里凉快一些，二是可以玩儿玩儿水。有水就有鱼，摸鱼就成了男孩子最喜欢的一项游戏。清澈的河水里，小鱼随处可见，不过它们可不是好捉的，游得又快，身体又滑。要想摸到鱼就要先把水搅浑，随着一声激动的喊声："我摸到了一条。"这就更刺激了大家的斗志，于是就摸得更起劲儿了。

打枣

　　俗话说："七月十五枣红圈，八月十五枣落竿儿。"早年间，京郊许多人家都种有枣树，到了八月，枣儿就成熟了，打枣就成为孩子们最喜欢干的一项劳动了。找来一根长竹竿，噼里啪啦地在树上一顿乱打，红枣掉了一地，把地上的红枣捡到篮子里去，边捡边吃，好不惬意。

画鼻子

　　这是几个孩子在一起玩儿的游戏。在墙上用石笔或者木炭画一个大脑袋，孩子们在距离一丈远的地方排成一队，蒙上眼睛，依次去给这个大脑袋画上五官，你画鼻子，我画眼睛，他画嘴巴。由于蒙着眼睛什么也看不见，就只好凭借自己的记忆去画，如果画的地方不对，就会逗得大家哈哈大笑。

跳铁门坎

　　跳铁门坎原本是京剧里一种舞台上的功夫，常见武丑进行表演。用右手钩住左脚，右脚独立，跳起来之后右脚从左脚上方跳过去，是一个难度很高的动作，年纪比较大一些、腿脚灵活的男孩子经常学着做，这需要有很好的体力和技巧才行，还需要老师的指点和保护，不是一日之功，要练习很长的一段时间才行。

玩儿棋

　　民间的棋类游戏很多，什么老虎吃羊、成三、四角撑、倒关门、鸡叫等吃、憋死猫，等等，不用花钱，不分环境，在任何地方都可以玩儿。在地上画个棋盘，捡几个小石子、瓦片儿，两个人就可以玩儿了。下棋可以开发孩子的智力，是一种很好的游戏。

掰腕子

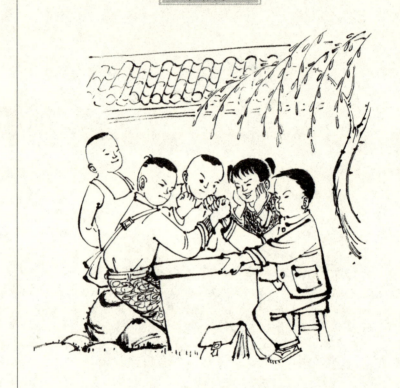

　　掰腕子是男孩子之间比赛力气的一种方法。两个人对面而坐，相互把左手或者右手握在一起，找一名裁判，把两个人的手摆正，裁判一声令下，比赛开始，双方都使劲地往下压对方，按照规矩比赛的人不能站起来用身体帮忙，另一只手也不能握住任何东西。把对方压倒者为胜。

踢毽子

　　将几根鸡翎根部翻开，插入两枚铜钱内，并用细棍扎进（四根或六根）鸡翎中间，挤压牢固，用刀切平细棍底部，再打蜡封住。毽子略重，适合大一些的孩子玩儿。有奔、踢、上、盘腿等多种玩儿法，孩子们边玩边唱："一个毽儿，踢两半儿，剪刀股儿（左右脚互踢），绕花线儿，里踢外扒，八仙过海，九十九，一百。"通过蹲、奔、踢、上、打拐子等动作，还能做出许多比较难的玩儿法，主要有：瞎子跳井、拔大葱、一指游、二指游、单腿跪、双腿跪、踩腿、骗马、盘腕子、猴顶灯。还可以多个人双方对着踢来踢去。

放风筝

　　放风筝是一种古老的民间传统活动，风筝种类繁多，制作考究，既是艺术品，又是娱乐玩具。儿童玩的比较简单，一般都是自己制作，用秫秸篾或竹篾儿，根据所需扎架子，上面糊上纸并施以彩绘，再用纸条坠一个尾巴。最初的风筝是"屁帘儿"，一般都是大孩子做小孩儿玩，精致的如"沙燕"等，可放小摊上卖。"孙悟空""黑锅底"等硬翅风筝也很普遍。放"黑锅底"时常有旁观的小孩儿，边看边唱儿歌："黑锅底，真爱起，一个跟头折到底。"非常有意思。

蝎子爬、折跟头

　　这些都是男孩子喜欢玩儿的锻炼耐力的体操性游戏。玩儿时双手着地，两脚撩起钩下，呈倒立状；双手支撑身体向前慢慢爬行，很像蝎子蠕动的形状，故名"蝎子爬"。

　　旧时的儿童常在炕上折跟头，稍长大，便常约几个人于户外凑在一起，以折跟头、拿大顶为戏，间或伴有武术动作，锻炼意义颇大。京人多称此为"打把式"。

玩乒乓球儿

　　在家里玩儿乒乓球没有球案子，但是也可以有其他的玩儿法。一般是两三个人一起玩儿，带有比赛的性质。例如颠球儿，用球拍向上颠乒乓球，看能够颠多长时间而球不掉下来。或者计算数目，以时间长、数量多者为胜。还可以往墙上打球，接着再打，看谁打得多。

翻烙饼

　　这个游戏要两个孩子一起玩儿。两个人相对而立，拉着双手，向一个方向翻滚。一边翻一边唱："翻呀，翻烙饼呀！""油炸糕，炸儿糕！"当念到最后一个字的时候，两个人猛地一翻身，就变成了背对背、两手向上的姿势了。做这个游戏两个人必须要配合默契，否则就翻不过去了。

压闸板

　　压闸板就是跷跷板，也叫压跳板，压轱辘跷。孩子们用的器具很简单，将一块长木板的中间放在一段粗圆木上，两端各坐一个孩子，两个人相互配合，一起一落，玩儿得很开心，是孩子们喜欢的一种游戏。幼小的孩子在玩儿的时候要有大人保护，以免发生危险。

一个摁着，一个跳

　　这个游戏也叫作跳马，是一种多人玩儿的集体项目游戏。一般由男孩子玩儿，人数不限，大家拉开距离排成一排，弯腰手扶膝盖，此为马。最后一个人助跑，到跟前手扶弯腰人的腰部，奋力跳过后，排在队尾，弯腰成马状，第二个人再跳，循环往复。

走矮子

　　矮子功是京剧里武丑表演的一种功夫，也就是蹲着走路，并且走得还要像正常人一样快，这是很不容易的。孩子们把这也当成了一种游戏，学矮子功走路的方法，并且双手还要做出平伸、背后、抱头等各种动作来，孩子们相互比赛，看谁走得快，这是孩子们锻炼身体的一种好方法。

顶牛儿

　　"顶牛"有两种玩儿法，玩儿法一：两个人面对面、头顶头地站好，裁判说声："开始！"两人就开始较劲互相用力顶对方；玩儿法二：两个人取跪姿并且双手着地，头顶头，互相较劲顶对方。二者都是进者为胜，退者为负。如果人多，则可以采取淘汰赛的方法，最终的胜利者为英雄。

跳绳

　　跳绳是在孩子中最普遍的一种游戏，男孩女孩都爱玩儿，并且人数不限。可以一个人跳，可以两个人跳，也可以多人跳。单人跳有双脚跳、单脚跳、蹬三轮、编花、正跳、反跳、双摇、三摇等多种花样；两个人跳叫作"带人"。多人跳是由两个人拉着一根长绳子，以刚好擦地皮为准向一个方向晃圈儿。参与者在绳子转到地面时跳起，这样每转一圈，跳起一次。这种游戏可以锻炼人的灵活性。

跳皮筋

　　三个人以上就可以玩儿，几十根以至上百根牛皮筋套成一根长绳，或者用一根长数米的松紧带，两头由两个人拽着，一个人跳或两三个人同时跳，换着花样在牛皮筋或松紧带上跳来跳去。一边跳一边还唱着歌谣："牛皮筋我会跳，三反五反要知道，反贪污、反浪费，官僚主义也反对……"还有："小皮球、香蕉梨，马兰开花二十一，二五六，二五七，二八二九三十一……"

拔河

　　拔河是大人小孩都喜欢的一种运动，玩儿的人多，一般人数为双数，分成两队，一般要人数相等。孩子们玩儿起来比较简单，他们不用大粗绳子，而是后面的人分抱住前面人的腰部，前面两个人相互拉着手，双方都拼命地往后拉，把对方拉过来就算是胜利了。

拧旋子、拿大顶

　　这是两种体育锻炼的方法，是男孩子玩儿的游戏。拧旋子是利用
旋腿的力量，使身体在空中飞腾平转一周，单脚落地后再接第二个旋
子，然后是第三个、第四个；拿大顶也叫三角顶，双手和头顶着地，形
成一个三角形，双腿慢慢朝天立起。

赛跑

　　赛跑是最简单的也是最普及的体育运动项目。孩子们一般在胡同里画一条横线，约定前面不远处的电线杆子或者大树为终点，大家站在线的后面，有一个孩子当裁判，以他吹哨子发布命令，喊一声："预备 —— 跑！"大家立刻就像箭头儿一样地飞奔了出去，以先到终点者为胜。

绣花

　　女孩子大多性情文静，心灵手巧，她们大多也喜欢绣花儿。用花绷子绷好了布，按照花样描好了图案，用绣花针穿上各色的丝线，一针一针地就绣了起来，开始学的时候要有大人进行指点，教给她绣花的技艺。开始的时候可能绣不好，但是久练久熟，只要多练习，就会练出好的技艺来。

夹包儿

　　夹包是过去京城的女孩儿们经常玩儿的一种游戏。包儿是用六块正方形的小布块儿拼接而成的正方体形状，边长两寸多，里面装些玉米豆。参加人数不限。在地上画一条横线为界，夹包的人站在线的一边并紧挨着线，用双脚夹住包儿，然后在蹦起来的同时，两脚把夹着的包儿甩出去，谁将包甩出的远谁算最棒。

克鞋牌

　　这是男孩子们玩儿的游戏，几个男孩子都把自己的鞋脱下来，码在一起，垒成一个井字形的鞋垛。在距离鞋垛不远处画一条线，称为"杠"。玩儿的人把自己的鞋抛向杠，按照距离杠的远近分出先后次序。"头家"先玩儿，从鞋垛上用一只脚先锹下一只鞋来，用单脚往前跳。同时喊着："鸭儿 —— 呔！一得噜，二大跳，三打卤，四上吊！"这时候必须要把鞋甩出去，如果没能踢出杠外，就要挨罚。别人就会把他的鞋抛出去老远，他只能单脚跳着捡回来。这时候第二个人就开始玩儿了。

单捞小尾（yǐ）巴鱼

　　三五个孩子凑到一起，其中两个孩子对面站立，双手拉着举过头顶，在其他孩子一个个从下面钻过的时候唱："一网不捞鱼，二网不捞鱼，三网单捞小尾巴……尾巴……"这时向下套住其中一个孩子时才说出"鱼"字，大家欢笑一阵后，接着玩儿。

编花篮儿

　　这是女孩子们喜欢玩儿的游戏，要四个人一起玩儿。四个人后背
相对，一条腿向后抬起，互相别在一起，大家向同一个方向跳跃，边
跳边唱："编、编、编花篮儿，花篮儿里面有小孩儿，小孩儿的名字叫
秀兰儿，蹲下，起不来，坐下，起不来……"就这样跳着唱着，一直
到玩儿累了为止。

丢手绢

　　孩子们围坐成一圈，其中一个人拿着手绢在圈外转着跑，他随意将手绢丢到某人身后，并唱："丢啊丢，丢手绢，悄悄地放在小朋友的后边，大家不要告诉他，快点快点抓住他。"如果转了一圈，背后有手绢的人没有察觉，就被抓住，罚他唱歌或给大家鞠躬；如果发觉了，就起身去追，丢手绢的人赶紧占据他的位子。他再继续连唱带丢手绢。

老鹰捉小鸡

　　"老鹰捉小鸡"玩儿法比较简单。由一个个子比较大的人当作是老母鸡，排在第一，后边的人算是"小鸡"，一个挨一个都拽着前面那个人的后衣襟，有一个人当老鹰，站在"老母鸡"前面，忽左忽右，想尽办法去捉他后面的"小鸡"；"老母鸡"则两臂张开全力挡着护着，尽可能不让后面一只"小鸡"被"老鹰"捉去，后面一群"小鸡"也来回跑着躲闪，跑得慢的人就被"老鹰"捉走了。

扯铃辘圆

　　这是一个多人的游戏项目。几个孩子手拉手围成一个圆圈儿，侧过身来边走边唱："扯呀扯呀轱辘圆呀，大门后头挂铜钱呀……"从远处看去，孩子们所围成的大圆圈就像是一个大车轮在转。

搭井台儿

　　这是女孩子玩儿的游戏，由四个女孩儿手拉手站成一个四方井台的样子，各抬起一条左腿，搭在右手上，然后大家一起用右腿单腿跳着，转着圈，边转边唱："搭呀搭井台儿呀，搭出甜水泡香茶呀！"

踢皮球

　　踢皮球和踢足球差不多，只是没有那么多规矩。一般是男性的小学生玩儿，放了学之后，找一块空地，用两块砖头或者两个书包摆成球门儿，孩子们分成两拨儿，异常激烈的踢皮球比赛就开始了。一直踢得满头大汗，天黑了，路灯亮了，这时候才想起来回家。

递递砖儿

　　这是由多名孩子一起玩儿的游戏。几个小朋友站成一排，双手背在身后，把一件东西进行传递，停住之后，有一个小朋友站在大家的面前，由他来猜东西在谁的手里。如果猜中了，就要由被猜中的人来猜；猜不中，东西再重新传递一遍，他还要继续猜。游戏继续进行。

藏蒙哥儿

　　藏蒙哥儿就是捉迷藏，俗称"藏门儿狗咬"。人数七八个不等，一个人当"盆儿"，他蒙住找人的人的眼睛，准备藏的人纷纷寻找犄角旮旯见的僻静地方藏了起来，并说："藏好了！"找的人就开始找。如果找到了，哈哈一笑把藏的人拉出来。接着去找第二个、第三个，直到把所有人都找出来为止。如果还没玩儿够，换人再藏再找。可以玩儿一个晚上。

买烤白薯

　　旧时北京卖烤白薯的是一大早出来做买卖，暗红色的烤炉上摆放着烤好了的白薯，白薯有大有小，烤好的还会流淌出蜜汁，数满街散发的甜香味儿，使人流连，总想买上一个吃。手里拿着热乎乎的烤白薯，甜蜜、温暖就都有了。沉寂落寞中，吃一块烤白薯，有时候胜过千言万语。

吃冰核（hú）儿

　　"来核儿来喔，冰核味儿来喔"，"卖冰核儿来！你花两大子儿，就可以买回家去一块儿，冰镇酸梅汤喝了。"夏季的老北京城的胡同中经常可以听到这种吆喝声，暑热难耐的人们有的就要出去买点儿吃，以解暑热，冰核儿是早年间北京夏天的一种消暑小吃。买冰核儿的也大多是小孩儿，把冰块儿含在嘴里解热解渴。

红果串

　　红果儿又叫"山里红"，北京城里卖红果的都是用细绳串成串儿，
挎在自己的肩头和手臂上，论串儿卖。又大又圆，又光又亮，看着就
馋人。哪个小朋友都想买上一串尝尝，买了红果的孩子，把红果串儿
套在脖子上，揪下来一粒放进嘴里，又酸又甜，真好吃。

冰糖葫芦

　　"葫芦哎 —— 冰糖的！"随着吆喝，胡同里出现了一位扛着草把子卖糖葫芦的小贩，草把子上插满了冰糖葫芦儿，有红果的、山药的、山豆子的、桔子的、荸荠的，还有红果夹馅的，亮晶晶的十分诱人。寒冷的冬天吃上一串又酸又甜的冰糖葫芦别有滋味。孩子们买上一串儿吃，那叫一个高兴啊。

吃甜棒

　　甜棒就是没有结果实的老玉米秸，只有这种玉米秸的汁液才有甜味儿。玉米收获了，孩子们就去翻玉米秸，专拣没有结玉米的、粗壮的。像吃甘蔗那样一口一口地啃，吸取里面的汁液，孩子们管这个叫"甜棒"，味道一点儿也不比甘蔗差。吃完了之后，就拿着老玉米秸打起仗来，真是开心极了。